___철학이 깊을수록
_____삶은 단순하다

Original title: **Die Kunst, gut zu sein.**
Der innere Kompass für ein Leben, das auch in Krisenzeiten glücklich macht
by Rebekka Reinhard
ⓒ 2023 by Ludwig Verlag a division of
Penguin Random House Verlagsgruppe GmbH, München, Germany

All rights reserved. No part of this book may be used or reproduced
in any manner whatever without written permission except
in the case of brief quotations embodied in critical articles or reviews.

Korean Translation Copyright ⓒ 2025 by Galmaenamu Publishing Co.
Korean edition is published by arrangement with
Penguin Random House Verlagsgruppe GmbH through BC Agency, Seoul

이 책의 한국어판 저작권은 BC에이전시를 통해
저작권사와 독점 계약을 맺은 '갈매나무'에 있습니다.
저작권법에 의해 국내에서 보호받는 저작물이므로
무단 전재와 복제를 금합니다.

철학이 깊을수록 _____ 삶은 단순하다

세상에 실망할 때
나를 붙잡아 줄 선한 질문들

레베카 라인하르트 지음
장혜경 옮김

| 들어가며 |

"나는 좋은 사람이 되고 싶은가?"

이 책을 집어 들었다면 아마도 당신은 이미 위와 비슷한 질문을 던진 적이 있을 것이다. 캐스팅 쇼와 탑 리스트가 난무하는 시대이니, 당신 역시 경쟁이 중요하다고 믿으려 애써왔을 터이다. 그러나 나는 그 생각이 틀렸다고 믿는다.

위기가 넘쳐나는 시대다. 하지만 모두가 행동주의자가 될 수는 없고, 그럴 필요도 없으며, 그래야만 하는 것도 아니다. 모두가 저항하는 투사에 적합할 리 없으며 그럴 필요도 없다. 선善을 행하기 위해 반드시 생명을 구해야 하는 것은 아니다. 선행은 모든 학생, 모든 노인, 모든 엄마 아빠가 할 수 있는 기술이다. 어디에 있건, 어떤 상황이건, 큰 선행이건 작은 선행이

건, 아주아주 작은 선행이즈.

　이 책은 전통적인 윤리 책이 아니다. 복잡한 도덕 논리를 다루지도 않는다. 아르민 팔크Armin Falk(독일 본대학교 경제학과 교수이자 실험경제학연구소 소장)의 책《좋은 사람이 되는 일은 왜 어려운가?》처럼, 선행이 실천하기 힘들다는 사실을 입증하려 드는 신경심리학이나 행동경제학 이론서도 아니다. 나는 좋은 사람이 되기란 힘들지 않다고 믿는다. 늘 좋은 사람으로 남기도 힘들지 않다고 믿는다. 선행을 하면 기분이 좋기 때문이다. 그렇게나 단순하다. 선행은 어떤 상황에서도 행복을 가져오는 태도이자 결정일 뿐이다.

　선행은 평범하다. 그것은 한 번의 미소로 시작한다. 그 미소는 상대에게 신호를 보낸다. '나를 바라보는 누군가가 있다'고, '나를 인간으로 보는 누군가가 있다'고 말해주는 신호를. 내가 어떻게 생겼건, 머리카락 색깔과 피부색이 어떠하건, 키가 크건 작건, 어떤 언어를 쓰고 무슨 옷을 입었건, 내 수입이 많건 적건, 나의 재산과 빚이 얼마이건 상관없이. 지금이 위기 상황이건 아니건 관계없이.

　이 책에서 나는 독자에게 좋은 사람이 될 용기와 흥미를 일깨우고자 한다. 온갖 일정과 이런저런 갈등, 수많은 우혹 탓에 자주 잊어버리는 단순한 인간성을 돌이켜보자고 손짓하는 초대장이다. 인간의 생각과 감정과 행동을 철학과 함께 들여다보는 각 부는 정도 차이는 있지만 서로서로 연관되어 있다.

1부는 불안을 조장하는 유혹이라는 맥락에서 의지의 자유를 다루었다. 2부는 우리 시대의 전형적인 환상을 해부하며 진정한 가치 발견에 중점을 두었다. 3부는 무기력에 맞서는 대응책으로 형식과 질서와 내실을 재발견하자고 주장한다. 4부는 의미와 신뢰를 통해 더 가벼운 삶을 살자고 제안한다.

각 부의 끝부분엔 평범하고 단순한 선을 실현해 줄 요소들을 소개하였다. 바로 다정과 온기, 스타일과 성찰의 철학이다. 처음부터 찬찬히 읽어도 좋고, 각자의 관심과 상황에 따라 어디서나 시작해도 좋다. 다만 본문을 시작하기 전에 먼저 맨 끝에 붙은 용어설명(312쪽)을 읽어볼 것을 권한다.

이 책을 쓰는 동안 코로나 팬데믹이 종료되었고, 우크라이나 전쟁이 끝을 모르고 이어졌으며, 라스트제너레이션(기후변화 대응을 촉구하는 독일 환경 단체—옮긴이)의 활동가들이 교차로와 역을 막고 시위를 벌였다. 2023년에는 미국 기업 오픈아이가 챗지피티를 내놓으면서 생성형 인공지능의 혁명을 선포

하였다. 그래서 어쩌면 내가 인공지능의 도움 없이 쓰는 마지막 책이 될지 모르겠다고도 생각했다.

인공지능의 역동적 발전에 관해서 나는 개인적으로 모든 일이 가능하리라 생각한다 인공지능이 많은 인간의 능력을 대체할 것이라고도 생각한다 하지만 인간성의 능력은 절대 대체할 수 없을 것이다. 인간이 존재하는 동안에는 '선의 평범성'이라는 저작권은 인간이 간직할 것이다. 나는 그렇게 믿는다. 그러니 나는 이 책을 인공지능에 바치고자 한다. 인간이 인공지능을 잘 쓰기를 바라면서……

차례

들어가며 "나는 좋은 사람이 되고 싶은가?" · 4

1부― 불안하다면, 오래된 지혜로부터

① 빠른 행복과 느린 행복 선의 평범성에 관하여
'좋은' 사람이 많은데, 세상은 왜 이리 '나쁜' 걸까? · 15
얼마나 선해야 '선하다'고 할 수 있나 · 24

② 꼬리에 꼬리를 무는 생각 중독 상식에 관하여
이토록 불안한 세상에서 아이를 낳아도 좋을까? · 31
우리가 아는 바는 사실 많지 않다는 사실 · 40

③ 너는 어느 쪽이냐고 묻는 말들 올바름에 관하여
말들은 넘쳐나는데 대화는 왜 없을까? · 49
한 편이 '피해자'라면 다른 편은 곧 '가해자'인가 · 59

④ 관계를 바라보는 세 가지 관점 가치에 관하여
인스타그램 친구는 참된 관계라 할 수 없는 걸까? · 67
가짜에 익숙해져서 진짜를 망각하는 순간 · 76

에우다이모니아 '다정'이란 서로의 불완전함을 털어놓는 일 · 81

2부 — 세계의 허상은 디테일에 있다

⑤ 욕망과 필요 사이에서 선한 영향력에 관하여
파워 인플루언서의 힘을 어디까지 믿어도 좋을까? · 93
진정으로 '함께'하는 자유를 경험한 적 있는가 · 101

⑥ 나르시시즘 시대에 살아남기 존엄성에 관하여
가짜의 가스로-이팅을 알아챌 비결이 있을까? · 109
현실을 외면한 채 환상을 끌어안고 있다면 · 118

⑦ 더 많이, 더 높이, 더 빨리, 더 새롭게 만족에 관하여
우리는 언제까지 계속해서 앞으로 나아갈 수 있을까? · 127
단 한 번도 도달해 본 적 없는 중용을 찾아서 · 136

메소테스 냉기와 열기에 치우침 없는 '온기'의 미덕 · 142

3부 _ 우리는 무력해도, 생각보다 용감하다

⑧ 소유인가 존재인가 미니멀리즘에 관하여
  인생을 대차대조표로 정리할 수 있을까? · 153
  스토아철학 라이프스타일로 살아보기 · 162

⑨ 언어는 존재의 집이다 예의에 관하여
  누군가를 좋아해야만 존중할 수 있을까? · 171
  우리는 조금 더 친절해도 괜찮다 · 181

⑩ 당신의 인생이 작품이 될 수 있게 아름다움에 관하여
  지는 해를 바라보기만 한다고 인생이 달라질까? · 187
  일상에서 초월성을 경험하는 마법 · 196

⑪ 우리에겐 삶을 사랑할 권리가 있다 참여에 관하여
  나에게 소속감이란 어떤 의미일까? · 205
  시몬 베유, 한나 아렌트, 수전 손택처럼 사유하기 · 215

스프레차투라 무심한 듯 유연하게 나만의 '스타일'로 · 221

4부_ 참을 수 없는 존재의 가벼움을 위하여

⑫ 현존에서 무위까지 의미에 관하여
'자기 결정'으로 이룬 삶은 어떤 모습일까? • 233
의미를 찾는 것은 의미 없지만 믿는 것은 의미 있다 • 242

⑬ 죽음은 준결승일 뿐 사랑에 관하여
삶도 벅찬데 왜 죽음의 의미까지 캐물어야 할까? • 251
자기 앞의 생이 끝나갈 때 남아 있는 것들 • 261

⑭ 낙관론자와 비관론자의 대화 시간에 관하여
최악을 예상하며 최선을 바랄 수 있을까? • 269
쇼펜하우어 또는 오프라 윈프리로 살아보기 • 279

⑮ 위험을 무릅쓰며 앞으로 나아가기 신뢰에 관하여
무엇이 중요하고 무엇이 하찮은지 누가 결정할까? • 287
더 가벼운 삶을 향한 긍정 • 295

메타노이아 '성찰'이란 다른 쪽에서 세상을 바라보는 것 • 303

책을 읽기 전에 • 312

1부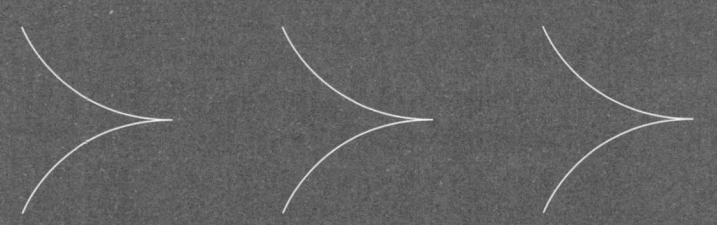

불안하다면,
오래된 지혜로부터

① 빠른 행복과 느린 행복

선의 평범성에 관하여

● 금방 기분을 띄우는 행복은 빠른 행복이다.
빨리 오지만 그만큼 가는 속도도 빠르다.
그 곁에는 조용하고 나직하며 느린 행복이 존재한다.
느린 행복은 볼품없지만 대신 고장이 잘 안 난다.

'좋은' 사람이 많은데, 세상은 왜 이리 '나쁜' 걸까?

⋮

행복이란 인생의 매력 가운데 하나다. 종류도 참 다양하다. 행복은 금방 기분을 띄운다. 아기에겐 엄마의 품이, 십 대 청소년에겐 첫사랑이, 아픈 환자에겐 좋은 검사 결과가 행복일 수 있다. 그러나 안타깝게도 이런 '순수한' 좋은-기분-행복은 쉽게 얼룩이 진다.

예를 들어 당신이 회사에서 승진을 했다. 드디어!!!!! 신이 나서 콧노래를 부르며 집으로 돌아와 현관문을 벌컥 열어젖혔다. 그런데 이게 웬일인가! 수도관이 터져 집 꼴이 엉망진창이다. 당신은 머리를 쥐어뜯으며 허둥지둥 인터넷에서 수리업체를 검색한다. 업체는 왜 그렇게 많으며, 후기는 또 왜 그렇게 제

각각인지. 겨우 한 군데를 골라 전화했더니 오늘 일정이 많아 한참 기다려야 한단다. 기분이 곤두박질친다. 당신은 이미 행복했다는 사실을 까먹은 지 오래다. 조금 전만 해도 무지무지 행복했는데 말이다.

금방 기분을 띄우는 행복은 빠른 행복이다. 빨리 오지만 그만큼 가는 속도도 빠르다. 그 곁에는 조용하고 나직하며 느린 행복이 존재한다. 느린 행복은 볼품없지만 대신 고장이 잘 안 난다. 당신이 그 가치를 깨닫는다면 느린 행복은 당신의 모든 행동, 기분, 생각과 동행할 것이다. 구름과 안개를 뚫고 대지를 비추는 태양처럼 말이다.

이 두 번째 종류의 행복은 첫 번째 행복과 극적인 차이를 보인다. 일단 쉽게 '얻지' 못한다. 우연으로도, 노력으로도 쉽게 얻기 힘들다. 느린 행복은 평생에 걸친 뇌와 심장의 참여를 요구한다. 우리는 빠른 행복을 소유하려 하지만, 느리게 행복해진다. 느린 행복은 보통의 시간 기준을 따르지 않는다. 자식 때문에 괴롭고 힘들 때가 얼마나 많은가? 그러나 아이를 바라보고 생각하며 품에 안으면 또 얼마나 행복한가? 첫 질문에는 달력을 보며 답할 수 있다. "지난 월요일이었지……." 그러나 두 번째 질문에는 절대 바로 답할 수가 없다. 그것은 대체로 무한의 경험에 가깝기 때문이다. 첫 번째 경우엔 빠른 행복이 망가지는 상황을 눈앞에 그릴 수 있다. 하지만 두 번째 경우엔 전체가 드러난다. 아이들이 커다란 부분을 차지하는 성공한 인생 전체가.

빠른 행복은 엄청나게 예민해서 빠르게 등락한다 터진 수도관을 본 순간 바로 꼬리를 내리고 물러난다. 느린 행복은 그 무엇의 영향도 받지 않는다. 좋은 소식도 나쁜 소식도 영향을 주지 못한다. 느린 행복은 단순한 인과법칙(승진 = 좋은 기분)을 따르지 않는다. 데드라인도 없다. 느린 행복은 멀티 회복탄력성을 지닌다. 주관적 기분이나 감정에만 존재하지 않으며, 타인도 활용할 수 있기 때문이다. 조만간 누군가에게 이득이 되므로 사라지지도 않는다. 느린 행복을 맛보는 당사자에게서는 (기분에 따라서 혹은 죽음과 더불어) 사라진다 해도 행복 자체는 계속해서 이 세상에 남아 있다.

빠른 행복과 달리 느린 행복은 윤리적 태도를 기초로 삼는다. 선행을 할 때마다, 행동과 도덕을 결합할 때마다 조금씩 빠른 행복에서 독립한다. 선행을 자주 할수록 느린 행복이 자라난다. 결핍감이 줄어든다. 불안감도 상실감도 줄어든다.

＊

　윤리와 느린 행복이 이처럼 깊이 연결되어 있다는 사실을 인류는 오래전부터 깨우쳤다. 힌두교를 시작으로 불교, 견유학파Cynics, 스토아학파Stoicism를 거쳐 카발라Kabbālāh에 이르기까지 모든 철학과 영적 가르침의 기본이 바로 그것이다. 아리스토텔레스와 그리스 철학자들은 느린 행복에 아주 듣기 좋은 이름을 붙여주었다. 바로 에우다이모니아eudaimonia다.

　그것은 규칙적으로 실천하는 인간성을 통해 쉼 없이 늘어나며, 주관적 감정을 통해 이 세상에 객관적으로 존재하는 가치를 만들어 내는 행복이다. 모든 인간이 빠른 행복이 아닌 에우다이모니아를 추구한다면 시기심도, 다툼도, 증오도, 치명적 무기도, 불행도 줄어들 것이다. 느린 행복이 꾸준히 늘어나서 세상에 평화가 찾아올 것이다. 너무도 매력적인 미래이지만, 그만큼 품기 힘든 전망이기도 하다. 인간은 인내심이 없는 존재이기 때문이다. 또 인간은 상당히 어리석기 때문이다. 카르타고 전쟁 이후, 인간은 배운 것이 별로 없다.

　인간은 정말로 진지하게, 자신에게는 빠른 행복의 권리가 있다고 믿는다. 그러면서 틈틈이 윤리적인 척 행동하기도 한다. 관습이 요구하니까, 그리고 무엇보다 그럴 사정이 되니까. '도덕적인 척하기'는 어디서나 사랑받는 행동 방식이다. 도덕을 핑계로 들이대면 대체로 잘 먹히고 비용이 절감되며 에고ego가 자라고 약점을 숨길 수 있다. 인스타그램에선 모두가 도덕적인 영웅이다! 목표집단을 겨냥한 개별적 행위는 효과적인 해시태그(#black-livesmatter에서 #stopputin까지)를 달고 소리 높여 바깥을 향한다(#black-livesmatter는 2012년 히스패닉계 미국인 성인 남성 조지 짐머만이 미국 흑인 청소년 트레이본 마틴을 살해한 사건으로 인해 2013년 소셜 미디어에 사용하면서 사회 운동으로 번진 '흑인의 생명도 소중하다'는 메시지다. #stopputin은 푸틴의 우크라이나 침공에 반대하는 메시지를 담고 있다.—옮긴이).

    모두가 그렇게 '선하다'면 세상은 왜 이리 '나쁜' 걸까? 효과를 노리며 마케팅 기준에 맞춰 선전하는 도덕적 가치는 윤리가 아니다. 진짜 선과 가상 시그널링(도덕적인 척하기) 사이, 우리의 행동과 말 사이엔 그랜드 캐니언 저리 가라 할 만큼 깊고 넓은 틈이 있다. 5분 동안 착한 사람이 되기란 식은 죽 먹기다. 우크라이나에 대한 공격이 시작되자 수십만 우크라이나 사람들이 독일로 피난을 왔다. 그러자 독일인 모두가 선뜻 기부하고 제 집을 숙소로 제공하며 도움의 손길을 내밀었다. 그러나 불과 몇 주 후 열기는 식었다.

도움은 빠른 행복을 선사한다. 뇌의 보상시스템을 자극해 도파민, 세로토닌, 옥시토신을 분비하기 때문이다. 보편적이고 인도적인 헌신이 개인의 근심을 쫓아버릴 수 있다는 건 신경생물학이 가르쳐 준 사실이다. 우리 집 수도관 파열, 내 자식 걱정, 내 실직 걱정에도 인과법칙이 작용한다. 회사의 실적 악화에 따른 해고(원인)는 기분을 흐리고 빠른 행복을 망가뜨리며 느린 행복을 잊게(결과) 만든다.

느린 행복은 당신에게서 불과 몇 센티미터 떨어진 곳에 있다. 다만 절대적 집중의 상태에서만 눈에 보인다. 수천 가지 일을 동시에 생각하면서 전부 통제하려 들지 않을 때만 볼 수 있다. 지금, 여기에 맞춘 초점이 결정적으로 중요하다. 눈길을 지금 이곳으로 돌리면 느린 행복이 절로 그 온전한 화려함을 뽐낼 터이므로 도저히 못 보고 지나칠 수가 없다. 많이들 아는 고대의 일화도 이를 말해준다. 철학자 디오게네스Diogenes의 일화 말이다.

디오게네스는 시민계급 출신이었지만 노숙자 생활을 자처하였다. 아테네 사람들은 그를 '개'(키온kyon)라고 불렀는데,

그가 따뜻한 침대를 팽개치고 통에서 잠을 자며 남들이 먹다 버린 음식쓰레기를 먹었기 때문이다. 하루는 그가 햇볕을 쬐고 있는데 마케도니아의 왕 알렉산더 대왕이 경호원과 노예와 군인 들을 이끌고 지나갔다. 철학자가 천 쪼가리 하나 덮고 바닥에 누워 있는 꼴을 보고 깜짝 놀란 왕은 그에게 원하는 것이 있으면 무엇이든 들어주겠노라고 말을 걸었다. 그러자 디오게네스는 고개를 약간 쳐들고 반쯤 감은 눈으로 왕을 쳐다보면서 말했다. "해 가리지 말고 저리 비키시오."

수도관 파열을 아무 일 없던 듯 되돌리고 싶은 사람의 눈으로 보면 디오게네스는 제정신이 아니다. 그러나 전체적으로 성공한 인생의 관점에서 보면 그의 행동은 정말 합리적이다. 그는 아무것도 원치 않는다. 고향으로 돌아갈 배표도 바라지 않는다. 그저 느리지만 점점 더 행복해지기를 바라며, 자신의 목표에 맞춘 초점을 유지하고자 한다. 그 목표는 바로 사회에 들이민 거울이다. 그들의 위선과 무관심을 향해 갈긴 오줌이다. 또한 그가 '교양'이라 일컫은 바의 실천이다. 디오게네스에게 교양은 학교에서 배운 지식이 아니다. 그가 중요하게 생각한 것은 마음의 교육, 한 인간의 '영혼의 크기'다.

햇볕을 쬐는 디오게네스의 일화는 느린 행복에 대해 많은 것을 말해준다. 해는 선善(인생의 진리)을 상징한다. 왕은 우리 관심을 흐트러뜨리는 온갖 것의 상징이다. 틱톡, 뉴스 속보, 수도관 파열, 도널드 트럼프 등등, 우리 초점을 수천 갈래로 흩트리는 빠른 행복의 그 모든 득과 실이다. 왕은 디오게네스에게 자신이 갖고 싶던 것들을 주고자 한다. 그러나 철학자는 아무 관심이 없다. 아무것도 얻지 않는 게 어둠에서 벗어날 최고의 길임을 알기 때문이다. 어둠에서 나와 빛을 향해, 선을 향해, 영원을 향해 나아갈 확실한 최고의 길임을 알기 때문이다. 진정한 선은 평범하다. 일상적이다. 원래 늘 거기에 있다. 디오게네스가 언젠가 동료 철학자 폴릭세노스Polyxenos에게 그랬듯 "제 친구들을 지키는" 한 마리 개처럼 말이다.

디오게네스는 '개 같은' 혹은 '견유적犬儒的' 삶의 기술(견유학파)의 토대를 다졌다. 그의 자발적 무욕은 스토아학파와 기독교에 큰 영감을 주었다. 그의 혁명적 비타협주의에 비하면 근대의 도덕 철학자들은 불안에 떠는 한낱 방구석 폐인에 불과해 보인다. 임마누엘 칸트Immanuel Kant는 생물 오징어를 이빨로 물어뜯겠다는 생각을 꿈에서라도 해본 적이 없을 것이다. 차라리 몸을 웅크린 채 침대에 앉아, 선한 의지에 대한 무조건적 자기 의무에 관해 글 쓰는 편을 택했을 것이다. "네 행위의 준칙이 보편적 법칙이 되도록 행동하라." 그 유명한 정언 명령의 한 버전이다. 칸트는 윤리적 행동을 의무적으로 완전히 몸에 익혀 너무도 선한 나머지 행복이 굳이 필요 없는 '자율적 인간'을 이상으로 삼았다. 그는 자신의 이성 윤리학에서 빠른 행복만 배제한 것이 아니었다. 스스로 (약간의 경멸을 섞어) "에우다이모니스무스Eudaimonismus"라 이름한 느린 행복마저도 제외하였다.

명료한 철학과 계몽된 '주체적 사고'에 기여한 칸트의 공로는 아무리 추켜세워도 모자랄 터이다. 그러나 나는 그가 자신의 윤리학에서 느린 행복을 추방한 것은 잘못이라고 생각한다. 치킨을 다 먹고 나면 뼈만 남는다. 느린 행복을 원칙에서 떼어내면 남는 건 발가벗은 이론뿐이다. 게다가 그런 이론은 철저한 사고를 요구하는데, 최악의 경우엔 사고에만 몰두하다가 정작 눈앞에 놓인 선행의 기회를 놓치기 십상이다. 선은 상황을 합리적으로는 이해하지 못하더라도 일단 행동하는 기술이다. 순수 지성이 전부가 아니다. 그 지성이 세상을 어둡게 한다면 더더욱 그럴 것이다.

얼마나 선해야
'선하다'고 할 수 있나

•
•

선하고도 행복한 인간이란 무엇일까? 그렇게 되기 위해 지금 당장 집을 팔고 디오게네스처럼 통 안에 들어갈 필요는 없을 것이다. 얼마나 선해야 '선하다'고 할 수 있는 걸까? 윤리는 경쟁이 아니다. 도덕화Moralization(자신의 생각과 감정을 정당화하기 위해 그럴듯한 도덕적 이유를 만들어 내는 심리적 행위—옮긴이)는 모든 인간의 행동을 선과 악으로 갈라놓을 뿐, 별 소득이 없다. 중요한 질문은 단 하나뿐이다. 내가 지금 할 수 있는 선행은 무엇인가? 지금 나는 어떤 선행을 할 수 있는가?

스스로 시작해 행동으로 옮기면 된다. 그토록 간단한 일이다. 선행은 고민하고 글을 읽고 쓴다고 해서 이뤄지는 일이 아니다. 일정표에 열심히 적어넣는다고 해서 실현되는 것도 아니다. 선행은 행동이고, 항상 지금에만 가능하다. 완전히 집중한 상태에서 말이다. 지금 내가 친구에게 전화를 걸어 오롯이 그의 말에 귀 기울인다면, 키우는 햄스터 걱정이나 연체된 은행 이자 따위 생각하지 않고 그에게만 시간을 선사한다면, 아마도 나는 갖고 싶은 것을 얻지는 못할 것이다. 그 대신 한 조각의 영원을 얻게 될 테다. 나의 일상을 천상으로 옮겨다 줄 영원의 조각을 말이다. 나는 일부만이 아니라 전체가 행복한 존재가 될 것이다. 느리게. 순간순간. 어떻게? 아래의 지극히 평범한 네 가지 방법이 바로 그 길이다.

다정 Friendliness

세제가 떨어져서 마트에 가니 계산대의 아줌마가 당신을 보며 환한 미소를 짓는다. 당신은 다가가 그녀를 바라본다. 그리고 무엇을 하고 싶은지 알아차린다. 그녀의 미소에 화답하고 싶은 것이다. 다정은 익명의 인간을 이웃으로 만드는 능력이다. 이 기본 덕목으로 당신은 너무도 평범한 마트를 느린 행복의 산실로 바꿀 수 있다.

온기 Warmth

차가운 세상에 온기를 선사하자면 용기가 필요하다. (인간의 냉기가 기후온난화를 막을 수 있기라도 하듯) 증오와 무관심이 따듯한 마음보다 효율적이라 생각하는 사람들이 늘어난다. 치명적 착각이다. 인간의 온기는 에너지를 낭비하지 않는다. 오히려 에너지를 더한다. 온도가 영하로 떨어진 곳에 자그만 난로를 지피는 격이다. 윤리의 온도를 높이면 흑백논리와 독단을 녹일 수 있다. 다른 방식의 갈등 문화를 고민해 보자고 타인을 북돋을 수 있다.

스타일 Style

스타일에는 두 차원이 있다. 윤리적 스타일과 미적 스타일. 스타일이 넘치는 사람은 취향과 태도가 분명하다. 스타일을 통해 당신은 매일매일의 혼돈을 우주로 바꿀 수 있다. 질서 정연하고 의미 가득한 우주로 말이다. 선해 보이고 싶은 욕망, 집을 멋지게 꾸미고 싶은 욕망, 느린 행복을 키워가고픈 욕망은 서로 별개가 아니다. 외적인 아름다움은 거짓말을 할 수 있다. '멋진 취향'만으로는 스타일이 완성되지 않는다. 진眞과 미美와 선의 합일이 중요하다.

자기성찰Retreat

나는 지금 어떤 선행을 할 수 있을까? 이 질문의 답을 찾고 그 답에 따라 행동한다면, 그것은 계획된 행동이 아니다. 자기성찰과 회귀에 바탕을 둔 행동이다. 당신은 온전히 자신에게로 돌아가며, 늘 다니던 내면의 길을 바꿔 반대 방향으로 걸음을 옮긴다. (너무 피곤하지만) 마음을 내어 친구에게 전화를 건다. 고마운 상사에게 감사의 마음을 전한다. 동료의 잘못을 용서한다. 언니에게 잘못을 사과한다. 그렇게 하여 당신은 이기심과 독선을 방지할 수 있다.

모든 것이 퍼스널 브랜딩Personal Branding에 맞춰진 듯한 소셜 미디어 세상에선 선한 사람들 틈에 끼기가 두척 쉽다. 모두가 자신은 선하다고 자부하며 호르몬을 뿜어댄다. 그러나 그건 진정한 선이 아니다. 자기 집단에만 선한 사람은 윤리보다 미덕과시Virtue Signalling에 더 정신을 판다. 반면 우리는 자신을 성찰하면 상황이 달라질 수 있음을 함께 공유할 수도 있다. 언제든 선으로 회귀할 수 있다는 사실을 말이다.

자, 이제 요점을 정리해 보자. "전체적으로 우리는 이 막중한 임무를 우리 민족을 위해 수행했다고 말할 수 있다. 우리는 내면과 영혼과 특성에 아무런 해를 끼치지 않았다." 1943년 나치 친위대SS 지도자 하인리히 힘러Heinrich Himmler는 이런 말로 자신과 대원들을 칭송했다. 나치는 한나 아렌트Hannah Arendt의 표현대로 '악의 평범성'을 보여주는 대표적인 사례다. 평범한 악은 특정 시간, 특정 장소에 머물지 않는다. 우리가 허용한다면 어디서나 사방으로 퍼져 나간다. 악의 평범성은 지극히 평범하게, 다소 과한 무관심과 편의주의와 원칙주의로 시작해 슬금슬금 재앙으로 자라난다.

하지만 나는 선의 평범성이 악의 평범성에 대항할 수 있다고 믿는다. 매일매일, 지극히 개인적인, 지역적인, 정치적이지 않은 영역에서 말이다. 선의 평범성은 '부드럽고' '약하며' '여성적인' 인상을 풍긴다. 그러나 절대 나약하지 않다. 물론 선의 평범성도 착각일 수 있다. 그러나 지금, 이 순간, 타인이 당신 앞에 서 있는 이 순간, 그것은 어떤 폭력보다도 강할 수 있다.

② 꼬리에 꼬리를 무는 생각 중독

상식에 관하여

상황이 불확실할수록,
생각으로 세상을 통제할 수 있다는
망상은 더욱 끈질긴 법이다.

이토록 불안한 세상에서
아이를 낳아도 좋을까?

•
•

우리 사회는 지성(지적 능력)을 높이 평가하는 편이다. 그래서인지 선을 향한 욕구뿐 아니라, 사고를 향한 욕구가 참으로 크다. 엄청난 양의 생각거리가 매일 생산되고 배출된다. 마치 공급 부족을 모르는 세계 시장 같다. 게다가 사고가 멋진 이유는 무료이기 때문이다. 이성을 갖춘 모든 인간은 원하는 만큼 생각할 수 있다.

그러니 우리 뇌는 스트리밍 서비스라고도 볼 법하다. 영화나 드라마처럼 모든 주제와 형식의 정보를 아우르며, 온갖 좋고 나쁜 생각부터 긍정적이고 부정적인 감정까지 포함하는 내면의 스트리밍 서비스 말이다. 게다가 무료이다. 다양한 요금

제가 있다고 해도 당신은 아마 가장 값싼 서비스를 신청할 것이다. 즉기에 담긴 긍정적 감정 때문이 아니라, 그 감정과 항상 동반하는 생각 때문일 터이다.

30분에 한 번꼴로 새로운 '뉴 노멀New Normal'(새로운 보편성, 즉 시대 변화에 따라 새롭게 떠오르는 기준이나 표준을 뜻하는 용어—옮긴이)을 선포해 대는 이 행성에선 끊임없는 생각만이 안전을 약속한다. 상황이 불확실할수록, '시대 전환'이 극적일수록, 생각이 강렬할수록, 생각으로 세상을 통제할 수 있다는 망상은 더욱 끈질기다.

우리는 끊임없이 생각하지 않으면 살 수 없다고, 성공하지 못한다고, 행복하지 않다고 믿는다. 아무것도 모른다고, 옳지 않다고 믿는다. 그렇게 믿을 뿐 아니라 끊임없이 그렇게 생각한다. 그 결과 역설적이게도 우리가 가고 싶지 않던 바로 그곳으로 회귀한다. 한 무더기의 불안과 문제, 걱정 속으로 되돌아간다. 월세는 오르고, 이웃과는 사이가 좋지 않으며, 정치 꼬락서니를 보니 나라가 곧 망할 판이다. 끊임없이 생각하는 사람들이 좋아하는 말은 '나'와 '해야 한다'이다. '나는 해야 한다'는 우리 문화에서 가장 자주 사용되는 단어 조합 중 하나다.

- 나는 성과를 내야 한다.
- 나는 이 문제를 해결해야 한다.
- 나는 당장 프랑크푸르트에 가야 한다.
- 나는 행복해져야 한다.

그러나 안타깝게도 '내가 바라는' 건 대부분 '내가 해야 하는' 것과 다르다. 당신은 끊임없는 사고 과정을 멈추고 싶지만 그러면 통제력을 잃을까 겁나서 계속 생각하고, 발전적으로 생각하며, 미리 앞질러 생각해야 한다. 당신의 하루 일과와 당신의 계획, 당신의 불안에 대해 생각해야 한다.

*

우리가 진정으로 원하는 것은 고려하지 않고서 무자비하게 두뇌로 흘러드는 끊임없는 생각에 나는 인지 스트리밍Kognitives Streaming이라는 이름을 붙인다. 인지 스트리밍은 더 나은 세상을 만들 방안을 내놓지도 않으며, 그렇다고 어떤 식으로든 행복을 안겨주지도 않는다. 오히려 끊임없는 생각은(기존의 스트리밍 서비스처럼) 중독성이 매우 높다. 당신이 지성을 자신과 동일시할수록, 끊임없는 생각으로 모든 불안을 통제하고 모든 문제를 해결 '해야 한다'고 믿을수록 의존성은 더욱 커질 것이다.

미디어들은 알코올과 도박 중독, 거식증과 비만을 앞다투어 보도한다. 하지만 여태 생각 중독을 주제로 토크쇼를 연 적은 단 한 번도 없었다. 생각 중독은 모든 중독이 그러하듯 독재자 방식으로 작동한다. 그것은 당신 두뇌를 획일성이라는 제복 속에 욱여넣는다. 최대한 상상력을 제거하고 사고하도록, 모든 일을 앞질러 예상해야 하고 모든 면에서 옳아야 하며, 끊임없는 생각에 반쯤 미치도록 두뇌를 프로그래밍한다.

그 결과 극단적인 부수 현상, 즉 이기심과 독선이 어디에서나 목격된다. 딱딱하게 굳은 마음이다. 이제 더는 다른 길을 모색하지 않고, 의심하지 않으며, 경청하지 않는다. 당신은 예측할 수 있는 획일적 인지를 고수하지만, 불안은 여전하다. 더불어 부자유도 여전하다. '나는 해야 한다'에 맞춰진 스트리밍 두뇌 때문에, 이 불안한 세상에서 인간으로서 살아갈 권리, 원래 하고 싶은 일을 해볼 수많은 가능성은 두 가지 대안으로 좁혀지고 만다. '문제' 아니면 '해결책', '행복' 아니면 '불행', '좋다' 아니면 '나쁘다', '전진' 아니면 '후퇴'로. 그렇게 당신은 악순환의 고리에 빠진다.

- 나는 이 문제를 해결해야 한다.
- 이 문제를 해결하고 행복하든지 문제를 짊어지고 불행하든지, 둘 중 하나다.
- 나는 행복해져야 한다
- 나는 이 문제를 해결해야 한다.

그렇게 당신은 세상의 다양성과 인생의 풍요로움에는 점점 더 눈이 먼다. 점점 더 적게 보고, 주변은 점점 더 어두워지며 당신은 그 어둠을 빛이라고 착각한다. 스트리밍 단계가 올라갈수록 아무리 합리적으로 통제한다고 해도 어찌할 바를 모르겠고 생기가 떨어지는 듯한 기분이 커져만 간다. 주관적으로는 결핍에 시달리고 있다고 백 퍼센트 확신한다.

이는 당신이 한 푼이라도 아껴야 할 때만 해당하는 말이 아니다. 당신이 빠른 행복을 믿었던 모든 상황에 적용된다. 빨리 오지만 늘 불리한 상황, 생각과 기분에 방해받아 그만큼 빨리 가버리는 그 행복 말이다. 10분 전만 해도 당신은 멋진 직장을 얻었고 방금만 해도 크리스마스트리 앞에 선 아이처럼 환하게 웃었지만, 벌써 눈앞에는 온갖 '문제'가 어른거린다. 새 상사를 '참아야 하고' 더 오래 '일해야 한다'. 나는 이 문제를 해결해야 한다. 이렇게 생각하면 (적어도 잠시나마) 그 일을 합리적으로 통제할 수 있다는 확신이 든다. 그리고 당신이 모든 일을 합리적으로 통제할 수 있다고 생각할 때마다 그 일에 관한 생각이 스스로 확고해진다고 느낀다.

인지 스트리밍이 늘어날수록 당신은 악순환에 빠진다. 끊임없는 생각의 시스템은 순조롭게 돌아가고, 독재자는 남몰래 회심의 미소를 짓는다. 그가 당신의 관심을 지금에서 딴 곳으로 돌리는 데 성공했기 때문이다. 당신이 괴상망측한 논리에 빠지는 것 이상으로 멋진 일을 할 수 있는 순간, 원래 되고 싶은 것이 되는 순간, 자유롭고 호기심이 넘치며 마음을 활짝 열고 배움의 열의에 넘치는 순간, 두뇌와 심장과 태도를 갖춘 한 인간인 순간, 바로 지금 말이다.

※

내가 인지 스트리밍이라 일컫는 끊임없는 생각은 인간 사고의 다양성을 말하는 것이 아니다. 물론 생각 자체는 매우 중요하다. 하지만 문제는 무엇을 어떻게 생각하느냐, 즉 양과 질이다. 예를 들어 효율적 사고는 철학적 사고와 전혀 다르다. 효율적 사고는 의심을 허용하지 않고 빨라야 한다. 윤리적 문제에 대해 '효율적으로' 고민할 수는 있겠지만 그런 대답은 다소 피상적이기 십상이다. 그러나 철학적 방식으로 선에 관해 생각하면 '나는 해야 한다'는 압박감이 사라질 것이다. 당신을 감탄하는 상태로 옮겨줄 내면의 공간이 확보될 것이다. 당신은 미리 생각하는 대신 나중에 생각하게 될 것이다. 그 문제는 당신뿐 아니라 수많은 사람에게도 해당하는 문제이므로, 당신은 그때그때의 '문제'보다 더 큰 것을 생각할 것이다.

예를 들어 "이 불안한 세상에서 아이를 낳아야 할까?" "어떤 일이 있어도 남을 도와야 할까?" "왜 미움보다 사랑이 더 나을까?" 이런 질문들을 철학적으로 고민한다면 아마 많은 답을 발견하게 될 것이다. 활짝 열려 있기에 추가 질문을 불러오는 답을 말이다. 나아가 질문을 향한 당신의 열망을 깨닫게 될 것이다. 당신 마음을 뒤흔들어 끝임없는 생각에 파묻혔던 감정을 일깨울 질문, 인지의 막다른 골목을 박차고 나가 삶의 큰길로 방향을 돌리도록 용기를 주는 질문을 향한 열망 말이다.

생각의 막다른 골목에서

- 세금신고(배관 공사, 내일 회의 등등)를 생각해야 해.
- 일단 생각을 해야 행복해질 수 있어.

삶의 큰길에서

- 오늘 무슨 생각을 했지? (내 생각의 품격은 어땠을까?)
- 지금 내가 행복하지 못하도록 방해하는 것이 무얼까?
 (끊임없는 생각 말고 또 무엇이 훼방을 놓는지?)

중독을 일으키는 인지 스트리밍보다 불친절하고 맥없는 것은 없다. 그것은 당신이 올바른 질문을 던지지 못하게 방해한다. 인간적으로 생각하지 못하도록, 나아가 인간적으로 느끼지 못하도록 방해한다. 선을, 느린 행복을 방해한다. 데드라인이 없는 행복, 느리게 순간순간 의미 있고 선한 삶을 키워가는 그런 행복을 말이다.

당신이 지금 단골 술집에 앉아 있다고 상상해 보자. 당신 말고도 술집에 한 사람 더 있고, 그이는 지금 주인장과 이야기를 나누고 있다. 당신은 그가 쓰는 언어를 알아듣지 못해 내용을 이해할 수는 없지만, 무척 흥분한 듯 보인다. 그의 감정 상태가 당신 마음을 뒤흔든다. 비록 당신은 못 알아들은 말이지만 한마디 따라 하며, 그를 향해 미소 짓는다. 그 사람이 화들짝 놀라 당신 쪽으로 돌아보더니 우리말로 바꿔 말한다. 덕분에 당신은 그가 이란 사람이며 현재 본국의 열악한 상황 탓에 그곳에 남은 형제자매를 걱정하고 있음을 알게 된다. 당신은 충격을 받아 더욱 집중해서 그의 이야기를 듣고, 이런저런 질문을 던진다. 그 질문은 당신이 그의 사연에 진심으로 관심을 둔다는 증거이기에 그는 고마워하며 이야기를 이어간다. 당신은 계속 귀 기울여 듣는다.

물론 당신은 여기 이란 가족이 겪은 일을 이전으로 되돌릴 순 없다. 하지만 힘겨운 이 사람에게 관심을 선사할 수는 있다. 그리고 이 순간 끊임없던 당신의 생각이 멎는다. 이 순간 당신은 자유롭다. 자신의 생각에게서 자유로워진다. 전체적으로 행복하고 의미 있는 삶을 향해 자유롭다. 원래 원했으나 한 번도 할 수 없었던 것을 향해 자유롭다. 당신은 이 경험을 이어 나갈 수 있다. 거듭거듭, 매일매일.

우리가 아는 바는 사실
많지 않다는 사실

:

인지 스트리밍으로 지쳤을 때, 그리하여 끊임없는 생각에서 벗어나고 싶을 때는 상식의 재발견을 권한다. 정말로 멋진 발견이니 말이다. 《숏 루틀리지 백과사전》에 따르면 우리가 흔히 상식common sense이라 부르는 것은 고전 철학에서 말하는 인식론의 일부로서, 자기 생각을 비판적으로 점검할 수 있는 실질적 질문을 담고 있다.

- 나는 무엇을 알 수 있는가?
- 내 머릿속 합리적 확신과 비합리적 확신을 어떻게 구분할 수 있는가?

─ 특정한 주제, 상황, 인간에 대한 비합리적 확신을 합리적 확신으로 바꾸기 위해 나는 무엇을 할 수 있는가?

'합리적'이라는 말은 모든 걸 의미할 수 있다. 10세 이상의 거의 모든 사람은 스스로 합리적이라고 생각한다. 우리는 무엇을 알 수 있을까? 우리가 아는 것은 그저, 우리가 아는 것이 매우 적다는 사실뿐이다. 우리 지식이 매일 수정될 수 있다는 사실뿐이다. 현실 전체를 파악할 수 있는 사람은 없다. 이 세상에 넘쳐나는 불확실성과 혼돈, 위기, 고난을 합리적 사고로 통제할 수 있는 사람도 없다. '가장 합리적인' 확신이란 머릿속에 너무 오래 처박혀 있지 않고 지금 당장 세상을 향해 문을 열고 세상과 대화에 나서는 것이다. 그것이 건강한 인간 이성, 즉 상식을 잘 사용하는 일이다.

비합리적 생각

─ 선행을 해야 한다! (딱딱하게 굳은 도덕)

합리적 생각

─ 지금 나는 어떤 선행을 할 수 있을까?

선행은 지시하거나 처방할 수 있는 것이 아니다. 각자가 자발적으로 하고 싶어야만 가능한 일이다. 규칙과 원칙을 따르는 윤리적 태도는 독선에 빠지기 쉽다. 중요한 것은 규칙이 아니라 상황이다. 선행하고 싶은 사람에게는 앞을 내다보는 끝없는 생각이 필요치 않다. 당신의 행동이 올바른지는 나중에야 알 수 있다. 선행은 지금, 합리적으로 이해하기 이전에 실천하는 행동이다. 자발적 감정으로, 마음이 움직여서 실천한 행동이다.

당신의 윤리적 행동이 실수(혹은 바람직하지 않은 행동)가 아니라고 보장해 줄 수 있는 사람은 없다. 심장이 인간의 일부이듯 실수 또한 인간의 일부이다. 우리는 누구나 실수한다. 하지만 그 많은 실수를 바로잡고자 하는 놀라운 능력도 있다. 당신은 어떤 것을 바라거나 바라지 않을 수 있다. 나아가 어떤 것을 바라기를 바라거나 바라지 않을 수 있다.

- 나는 '해야 한다'는 생각을 더는 할 필요가 없기를 바란다.
- 나는 생각의 악순환을 계속할 필요가 없기를 바라고, 생각하기를 바라지도 않기를 바란다.
- 나는 모든 걸 다 알 수는 없지만, 항상 인간이기를 바랄 수는 있다.

이런 혁명적 깨달음에 도달한 이가 바로 미국 철학자 해리 G. 프랭크퍼트Harry G. Frankfurt이다. 그는 '1차 욕망first-order desires'과 '2차 욕망second-order desires'을 구분했다. 1차 욕망은 어떤 일을 하라고 우리를 채근하며, (담배 피우고 싶고, 딴짓 하고 싶고, 생각하고 싶은) 특정한 행동과 직접 관련 있다. 2차 욕망은 1차 욕망과 관련해 어떤 사람이 정말 자유 의지로 원래 바라는 것 혹은 바라지 않는 것이 무엇인지 (이제 더는 담배 피우지 않고, 딴짓 안 하고, 생각 안 하고 싶은지) 깨우쳐 준다. 2차 욕망은 모든 인간에게 정말로 중요한 것이 무엇인지를 알려준다. 그게 무엇일까? 어디서나 똑같지 않을까? 인간성, 사랑, 정의가 아닐까? 해리 프랭크퍼트는 그것을 "우리가 걱정하지 않을 수 없는 것, 우리가 중요하다고 생각하는 것"이라고 정의한다. 상식으로의 회귀는 하고자 하는 일을 하는 기쁨과 손을 맞잡는다.

※

》 지금 당신은 거실 소파에 편안하게 앉아 있다. 갑자기 배우자가 문을 벌컥 열어젖히더니 분노에 불타 고함을 지르기 시작한다. 당신은 벌떡 일어나 침착하게 이 사태를 따져보려 하지만, 아무래도 배우자의 행동을 도무지 이해할 수 없다

아마 당신은 생각을 위해, 즉 상황을 합리적으로 통제하기 위해 생각할 것이다. 일단은 당신의 이성을, 그다음엔 배우자를 설득해 당신이 이 사태에 아무 책임이 없음을 밝히려 할 것이다. 당신은 (끊임없는 생각이 당신의 머리에 심어놓은 수상쩍은 도덕 규칙에 따라) 스스로 항상 옳아야 한다고 생각한다. 당신은 '해결책'이요, 배우자는 '문제'라고 생각한다. 바로 그것이 인지 스트리밍이다! 자신에게 물어보라. '생각 중독에 빠져 허우적거리고 싶은가? 아니면 중요한 몇 가지 질문을 던지고 싶은가?' '다정하게 경청하고 싶은가? 아니면 자신이 옳다고 우기고 싶은가?' '내가 진정으로 바라기를 바라는 것은 무엇인가?'

》 얼마 전 당신이 마트에 갔는데 계산대의 줄이 길었다. 늘 그렇듯 당신은 무지무지 바빠서 시간이 없었다. 바로 뒤에 선 남자가 우는 아이를 달래고 있었는데, 장을 얼마나 많이 봤는지 카트가 넘치기 일보 직전이었다. 양보해 주고 싶은 마음은 굴뚝같았지만, 도무지 시간이 없어서······.

우는 아이를 데리고 당신 뒤에 서 있는 남자에게는 항상 양보해야 한다는 윤리 규칙, 도덕 원칙 따위는 없다. 당신은 아이가 왜 우는지 알 수 없다. 배가 아플 수도 있지만, 다시 과자 매대로 가자고 떼를 쓰는 것일 수도 있다. 규칙이 아니라 상황이 정한다. 그 남자와 아이를 마음으로 바라보려 노력하고 상식의 스위치를 켜보자. '나는 시간 계획을 반드시 지켜야 한다고 믿지만, 약간의 친절에 시간을 할애하는 것도 좋다고 확신한다. 어떤 확신이 합리적이고, 어떤 확신이 비합리적일까? 느린 행복의 관점에서, 선하고 의미 있는 인생의 관점에서 본다면?'

당신은 원칙을 잘 지키는 사람이고 세상을 합리적으로 봐야 한다고 생각한다. 그러므로 항상 '나는 선행을 해야 한다'고 생각하는 편이다. 당신은 남들에게 미소를 짓고 그들의 바람을 미리 읽어 해결해 줘야 한다는 윤리적 부담을 느낀다.

당신은 '의협심'과 '시민적 용기' 과목에서 꼭 A를 받으려고 애쓰는 사람인가? 그것이 진정으로 당신이 바라기를 바라는 바인가? 임마누엘 칸트는 이렇게 말했다. "네 행위의 준칙이 보편적 법칙이 되도록 행동하라." 그 말에 당신은 다음과 같이 결심할 수 있다. "어떤 사람을 만날 때마다 그에게 선행을 베풀어야 한다." 하지만 그럴 때 당신의 선행은 (칸트가 말한) 공평무사한 관점이 아니라 자신의 주관적이고 인간적인 관점에서 나온 행동이다.

순수한 지성은 눈을 멀게 한다. 빛을 밝히기는커녕 빛을 꺼 버린다. 무슨 일이 있어도 지키는 원칙은 비인간적이다. 독선이나 수상쩍은 규범에 바탕을 둔 채로 자발적 헌신이랍시고 지켜내는 원칙은 더더욱 그러하다. 우리는 그 극단적 사례를 이미 역사에서 보았다. 한나 아렌트가 《악의 평범성》에서 밝혔듯, 수백만의 목숨을 앗은 아돌프 아이히만Adolf Eichmann이 자신의 행동을 '칸트의 의무 개념'으로 합리화했을 때 과연 그 윤리 이론, 윤리 규칙, 선의 법칙은 어떤 값어치가 있단 말인가? 반드시 선행을 해야 하는 것은 아니다. 누구나 마더 테레사나 간디가 되어야 할 필요도 없다. 독선에 빠질 이유도, 자신을 희생할 필요도 없다. 단, 그저 바라는 것을 바라기를 따를 때, 당신은 선하다. 강제 없이, 의무 없이. 자유롭게.

③ 너는 어느 쪽이냐고 묻는 말들

올바름에 관하여

●
멋지기만 하거나 한심하기만 한 사람은 없다.
폭력과 가난이 두려운 건 정상이지만,
자신과 똑같이 실수를 저지르고
사랑을 갈망하는 타인이 두렵다면,
그건 정상이 아니다.

말들은 넘쳐나는데
대화는 왜 없을까?

•
•

잠들지 못하는 밤이면 알 수 있다. 아침에 눈 뜨는 순간에도 마찬가지다. 엄청난 소음이 들린다. 이명처럼 벗어날 수 없고, 나이아가라 폭포처럼 귀를 찢는다. 온 사방에서 들려온다. 부엌, 거실, 서재에서. 컴퓨터에서 스마트폰에서 쏟아져 나온다. 가까운 곳, 또 먼 곳에서 날아온 엄청난 양의 말과 소리와 사진과 영상이 초 단위로 사방에서 밀려왔다가 스쳐 지나가고, 우리는 이 엄청난 굉음에 몸을 떤다. 인간은 오래전에 동굴에서 나왔다. 우리는 정보 시대를 살아간다. 우리의 온 관심을 요구하는 거친 사건들의 물결 한가운데에서 살고 있다.

스마트폰과 이메일, 소셜 미디어와 문자, 팟캐스트가 일상이 된 이후로, 공과 사 또는 주관과 객관을 더는 쉽게 구분할 수 없게 된 이후로, 정보의 물결이 쏟아내는 소음은 점점 더 커지고 빨라진다. 그리고 당신은 그 물결을 타고 헤엄치려 노력한다. 흔들리지 않고 평정심을 잃지 않으며 당당하게 제 갈 길을 가려 노력한다. 당신은 선하고 행복한 인간이 되고 싶다. 끝없이 쏟아져 들어오는 이 사건들에 선을 긋고 싶다. "이제부터 차단!" 당신은 그렇게 다짐하고 "답장할 수 없다"는 메시지를 보낸 뒤 극적으로, 단호하게 전자기기들을 꺼버린다. 휴가가 끝날 때까지, 혹은 잠수가 가능할 때까지.

엄청난 소음은 끊임없는 생각의 가장 든든한 동맹군이다. 바리케이드처럼 현실에 쓱 끼어들어 앞을 가로막으며 당신 마음을 흔들어 댄다. 이 수많은 말과 소리, 사진과 영상과 더불어 느린 행복도 당신 곁을 스쳐 지나가 버린다. 당신은 요즘 몹시 힘들어하는 친구와 통화를 하고 싶다. 하지만 스마트폰을 켜는 순간 뉴스와 영상, 논리와 반론, 웃음과 분노의 강물이 휘몰아쳐 온다. 당신은 흔들리기 시작하고 '어어~' 하는 사이 분위기에 휩쓸려 떠내려간다. 혹은 직접 나서서, 그 수많은 목소리 한가운데 작은 소용돌이라도 일으켜 보려 애쓴다. 당신은 그 사안에 관해 어떻게 생각하는지 말을 보탠다. 최선의 경우 누군가 당신에게 귀를 열어줄 것이고, 대화를 통한 진정한 만남이 탄생할 것이다. 최악의 경우 증오에 찬 항의가 돌아올 것이고, 당신이 얻을 수 있는 것은 대부분 (증오와 다를 바 없이 나쁜) 무관심뿐이다.

※

엄청난 소음은 늘 새롭고 다른 강물에서 흘러나오지만, 놀라울 정도로 단조롭다. 기후 위기, 민주주의 위기, 이민 위기, 경제 위기, 정치 위기 등등 물결의 어느 지점에 서 있건 항상 똑같거나, 익히 아는 것들의 변종에 불과하다. 그 무한한 물결 위에 거대한 불안 그리고 미미한 신뢰가 떠다닌다. 그곳에는 누구나 인정하는 감독관이나 공정한 지도자가 존재하지 않기에 마음 균형은 결국 각자가 알아서 챙겨야 할 듯이다. 그러기에 그 소음에 선을 긋지 않으면 금세 외로움이 찾아든다. 불안과 부자유, 위협감에 뒤덮이고 만다. 심지어 넘쳐나는 뉴스와 영상, 의견과 반론에 치여 사람 사이 소통할 수 있다는 믿음조차 잃어버릴지 모른다. 그러나 소통은 복원될 수 있다. 주유소에서, 펫숍에서, 정육점에서, 네일숍에서…….

최근 미용실에 갔다가 미용사와 이야기를 나누었는데, 우연히도 우리 둘 다 1990년대 초 베를린 크로이츠베르크에서 살았다는 사실을 알게 되었다. 미용실 거울을 통해 서로를 바라보며 우리는 호프집과 벼룩시장 추억을 떠올렸고, 이기 팝Iggy Pop(미국 록 가수―옮긴이)과 데이비드 보위David Bowie(영국 음악가―옮긴이)의 노래를 품평하며 많이도 웃었다. 그러다 문득 그녀가 입을 다물었다. 그러고는 생각에 잠긴 표정으로 내 머리를 만지며 "요즘엔 정말 많이 바뀌었어요"라고 말했다. 요즘엔 자기 의견을 솔직히 털어놓기가 두렵다고 말이다. "왜요?" 내가 물었다. 그녀는 거울을 쳐다보며 "절대로 입에 올려서는 안 되는 문제가 있는 것 같아요"라고 대답했다. "더는 내 세상이 아니에요. 원래 저는 좌파였는데 요즘엔 오른쪽으로 많이 기울었어요."

우리 대화에서 주목할 점은 미용사의 정치적 견해가 달라졌다는 사실이 아니다. 자기 의견을 자유롭게 말하는 것이 불안하다면서도, 어쨌든 바로 그 생각을 내게 털어놓을 만큼의 신뢰가 그녀에게 아직 남아 있다는 사실이다. 한 사람이 말하고 이어 다른 사람이 번갈아 가며 이야기한다. 한 사람이 말할 때 상대는 귀 기울여 듣는다. 그 순간 홀연 벽이 무너지고 소음이 잦아든다. 그렇게나 간단하다.

절대 말하면 안 되는 문제가 있다는 생각은 틀렸다. 진실은 시끄러운 정보의 물결이 인간의 직접적 관계를 쉼 없이 압도하고 뒤덮어 비튼다는 데 있다. 엄청난 소음에는 엄청난 이데올로기가 떠다닌다. 매일 쏟아져 들어오는 뉴스와 영상은 그 이데올로기로 가득 차 있다. 이데올로기는 좋은 생각인 척한다. 그러나 둘은 완전히 다르다.

좋은 생각

특별한 아이디어, 세상에 새로운 것을 가져다주는 생각. 때로는 지향점으로 삼을 만한 이상일 수도 있다.

이데올로기

'그' 세상, '그' 타인, '그' 진실에 대한 일반적 관념, '주관'과 '객관'을 한 냄비에 때려 넣고 마구 휘저어 낡은 권력 논리가 둥둥 떠다니는 죽을 만드는 관념.

이데올로기에 빠진 자는 항상 타인들일 뿐, 당신과 나는 당연히 이데올로기로부터 자유롭다는 생각은 틀렸다. 당신이 그리고 우리가 추종하지 않는 것은 죄다 이데올로기라는 생각은 틀렸다. 황당한 망상이나 어리석은 생각이 이데올로기라는 생각도 틀렸다. 이데올로기의 본질은 이미 정해진 확실한 정답이다. 누가 가해자고 누가 피해자인지 하는 질문에도 애당초부터 확실한 답만 내놓는다.

    — 피해자는 네가 아니라 나다.
    — 내가 피해자이므로 너는 가해자다.
    — 나는 피해자이므로 정당하다.

'관심'이 최고 화폐로 거래되는 멀티미디어 민주주의 사회에서는 특정한 도덕적 이데올로기를 옹호하기 위해 작은 지역에서 일어난 사건을 확대 해석하는 일이 드물지 않다. 독일 본에서 어떤 사람이 피부색 때문에 집을 구하지 못한다면 아마도 집주인의 인종차별주의 때문일지 모른다. 그러나 그 사실이 본의 집주인들 전부가 인종차별주의자라는 증거는 아니다. 비슷한 사건이 여러 곳에서 동시에 일어나 일반적 '진실'을 확실히 입증하는 듯 보일 때면, 문제는 훨씬 더 복잡해진다.

2022년 마지막 날에 베를린, 하겐, 뒤셀도르프, 보훔, 라이프치히, 함부르크, 슈투트가르트에서 폭력 사태가 발생했다.

특히 베를린에선 폭력 수위가 매우 높았다. 공식 보고에 따르면 경찰과 소방관을 공격하고 일부 중상을 입힌 범인은 어디서나 주로 '젊은 남성들'이었다. 이튿날이 되자 전문가들이 우르르 나서서 이런저런 의견을 피력했다. 1월 2일, 〈타게스테멘Tagesthemen〉에 출연한 범죄학자는 '부정적'으로 바뀐 "우리 사회에서 폭력행위가 증가했다"고 진단하고 '소외감'을 느끼는 '외곽' 지역 출신 청년들을 여러 차례 들먹였다. 그러니까 그런 청년들이 가해자이고, 그들의 폭력으로 인해 위협받는 '사회'가 피해자란 말인가? 〈아벤트샤우Abendschau〉에 출연한 소방관의 말대로 그날 밤의 범인들이 주로 '이민자'였다면 '우리' 사회를 폭력적으로 만드는 범인도 이민자들이란 말인가?

이 문제를 둘러싸고 공개적으로 언급되고 앞으로 언급될 모든 말이 전부 거짓은 아닐 것이다. 그러나 그런 부류 말들은 위험할 정도도 일반적이다. "우리 사회에서 폭력행위가 증가했다"와 같은 추상적 표현은 불안을 줄이고 사람들을 서로 이어주는 데 아무런 도움이 안 된다. 신뢰를 확산하기는커녕 오히려 가해자 집단이라 추정되는 그 어떤 사람에 대한 편견을 재확인할 뿐이다. 그리고 이런 표현은 누가 가해자이고 피해자인지를 이미 정해둔 이데올로기적 시스템을 강화한다.

※

1972년에 남아프리카공화국의 사회학자 스탠리 코헨Stanley Cohen은 이미 '모럴 패닉Moral Panic'이라는 개념을 사용했다. "어떤 상태나 사건, 한 개인이나 집단을 사회적 가치와 이익에 대한 위협으로 규정한다. 그리고 대중매체가 나서서 이 위협의 본질을 양식화하고 고정관념화한다. 언론인, 주교, 정치인 등 여타 정의를 외치는 사람들이 도덕의 바리케이드를 치고, 사회가 인정하는 전문가들이 나름의 진단과 해결 방안을 제시한다."

코헨은 이런 전문가를 '도덕 기업가moral entrepreneurs'라고 부른다. 이들은 한편으로는 위험을 더 통제하자고 호소하면서도 통제를 잃을지 모른다는 불안을 더욱 부추긴다. 1972년에 먹히던 말이 2023년에도 통한다. 하지만 요즘 미디어에는 '전문가'를 자처하는 사람뿐 아니라 위험과 통제 상실을 몸소 겪은 사람들도 등장한다. 이런 현실이 문제를 더 투명하게 만드는 것은 아니다. 아니 오히려 그 반대다. 마음의 상처를 입은 사람이 사연을 고백하고 이어 심리학자가 정신적 트라우마를 주제로 강연을 늘어놓는 토크쇼를 시청할 때면, 당신의 인식 속에선 주관적인 것(경험한 일)과 객관적인 것(연구 내용)이 뒤섞이기 십상이다. 특히 대충 집중하는 시청자들은 대체로 그렇다. 감정이 끓어오르고 도덕적 공황(모럴 패닉)이 치밀어 오른다. 그 감정의 배경에 어떤 정치적 맥락이 있는지와 상관 없이, 시청자는 이제 완벽한 감정화emotionalization로 인해 그 사연을 마치 자기 인생이 걸린 문제처럼 느낀다. 이런 사건의 드라마는 아래의 엄격한 도식을 따른다.

1. 누군가가 자기 이야기를 고백한다. 폭력, 상처, 불의와 얽힌 이야기여서 큰 관심을 불러 모으고, 나아가 '순식간에 퍼져 나가기'도 쉽다.
2. 전문가가 해설하고 진단을 내려 정리한다.
3. 방송 시간도 관심이 지속되는 시간도 똑같이 짧으므로, 개별 사건의 개인 체험과 의견이 일반적 '진실'로 확대된다. 그러나 이 진실은 복잡한 사실에 비해 너무도 단순하고 이데올로기적 성향이 짙은 대답을 내놓는다.

그렇다면 너무도 많은 이데올로기와 불안과 패닉을 숨긴 이 엄청난 소음을 어떻게 끝낼 수 있을까? 2023년 초의 그 뉴스에서 질문을 받은 범죄학자는 매우 간단한 (동시에 많은 것을 시사하는) 대답을 내놓았다. "아주 정밀하게 지켜보면서 상황에 따라서는 그 젊은이들하고 대화도 나눠야 한다고 생각합니다." 상황에 따라서? 대화도? (타인에 관해서가 아니라) 타인과? 좋은 말이다. 그렇게 괜찮은 말을 왜 우리는 더 자주 행동에 옮기지 않는 걸까?

한 편이 '피해자'라면
다른 편은 곧 '가해자'인가

:

엄청난 소음이 일으키는 모럴 패닉은 직접적인 진짜 만남을 어렵게 만든다. 우리는 공감을 잊고 자신을 잃는다. 모두가 불안하다. 폭력과 전쟁, 가난과 고독, 죽음이 두려운 것은 정상이다. 그러나 자신과 똑같이 실수를 저지르고 사랑을 갈망하는 타인이 두렵다면, 그건 정상이 아니다.

인간 사회는 머리카락 색깔, 피부색, 눈 색깔, 체격이 제각각 다르며 이따금 너무도 모순되는 생각과 의견을 지닌 개인들로 구성된다. 모든 인간은 우일하며, '가장 소외된' 존재를 포함한 모든 삶은 침범할 수 없는 존엄성을 지닌다. 그런데 어떤 사회의 구성원들이 소음에 귀가 막혀 이런 인간성의 기본을 망각한다면, 이데올로기를 버리고 온갖 차이와 모순을 넘어서서 일상에서 서로 구체적으로 만나는 법을 서서히 잊는다면, 그 사회는 심장을 잃은 것과 다름없다.

 누군가 당신의 차를 찌그러트렸는가? 누가 당신을 모욕했는가? 다른 사람이 있는 자리에서 창피를 주었는가? 당신이 감정적으로 반응하더라도 아마 모두가 당신을 이해할 것이다. 하지만 심술과 분노와 증오에 과도하게 휩쓸리는 것은 피해자와 가해자가 누구인지를 지금 (또다시) 확인할 뿐 아무런 도움이 안 된다. 누군가 그런 행동을 하거든 그가 잠시 인간성을 망각했다고, 숨겨진 긍정적 능력을 미처 발휘하지 못했다고 생각해보자. 영국 철학자 메리 미즐리Mary Midgley의 말처럼, 모든 인간에겐 네거티브(네거 필름negative film을 이용해 촬영했을 때 그 플라스틱 필름 위에 생기는 이미지로, 이미지의 밝은 부분일수록 실제로는 가장 어두운 부분이며, 가장 어두운 부분일수록 실제로는 가장 밝은 부분이다.—옮긴이)가 있어서 지금 어둡게 보이는 그 부분이 실제로는 가장 밝은 부분일 수도 있다고 말이다.

 – 그런 것도 전혀 다를 수 있다.
 – 내 눈에 그렇게 보이는 것을 내가 지금 바꿀 수 있다.

- 나는 분노와 불안을 친절로 바꿀 수 있다.
- 내가 마술을 부릴 수 있기 때문이 아니다.
- 내가 인간이기 때문이다.
- 내게 그럴 능력이 있기 때문이다.

지금 당신은 그곳이 어디든 특별할 일 없는 지극히 구체적인 일상에 놓여 있다. 그곳에서 당신이 자발적으로, 별 이유 없이 친절을 발휘하는 순간, 당신은 불안과 패닉을 잊을 수 있다. 그리고 자신의 자유를 새롭게 발견할 것이다.

이처럼 자유로운 윤리적 자기 계발로 당신은 스스로 되고 싶은 사람이 된다. 당신은 편협한 사람이 되고 싶지 않다. 자신과 타인에게 늘 큰 기쁨을 주는 사람이 되고 싶다. 그 기쁨의 이유는 새로운 만남을 기대하고 자유를 바라기 때문이며, 그렇게 하면 당신이 행복해지기 때문이며, 나아가 당신에게는 그럴 권리가 있기 때문이다.

"모든 사람은 타인의 권리를 침해하지 않고 헌법 질서 또는 도덕법을 위반하지 않는 한 인격을 자유롭게 발달시킬 권리가 있다."(독일연방공화국 기본법, 제2조)

○

≫ 최근 모임에 갔더니 모두가 한 정치인을 욕했다. 그런데 그 자리에서 당신이 "저는 그 사람 괜찮던데요"라고 한 마디 툭 던진다. 그런 다음 차분하고 객관적으로 자신의 의견을 뒷받침할 기회를 노린다. 하지만 때는 늦었다. 돌아온 것은 갈피를 못 잡는 시선, 당황한 침묵, 비아냥대는 반론뿐이다.

그런 경험을 하고 나니 당신은 이제 하고 싶은 말이 있어도 그냥 입을 다물어 버린다. 남들의 비열한 행동과 무관심에는 진력이 났고, 논쟁하거나 싸우고 싶은 마음도 없다. 하지만 그렇다고 해서 친절을 포기해 버린다면 어떻게 될까? 당신의 윤리적 자기 계발은 어디에 머무르게 될까? 당신의 마음 그릇에 갇히고 말 것이다. 특정한 사람들에 대한 당신 이론을 정당화할 뿐인 내적 독백이 되고 말 것이다. 그래서는 아무 의미도 없다. 그래서는 느린 행복으로, 선하고 의미 있는 삶으로 가는 당신 길은 물론이고 남의 길까지도 가로막고 말 것이다. 사실 두려워해야 할 것은 하나뿐이다. 웃음기 하나 없이 스쳐 지나가 버리는 삶, 그것만이 두려운 일이다.

》 당신은 확신에 찬 페미니스트여서 가부장제 이데올로기에 맞서 열심히 싸운다. 직장에 다니면서도 짬을 내어 멋진 여성을 소개하는 행사를 열고 있다.

불이익을 당하거나 학대받은 여성들이 목소리를 내 사회로부터 존중과 인정을 받을 수 있도록 도와준다니, 당신은 참 좋은 일을 하는 사람이다. 그렇지만 모든 인간에게는 여러 측면이 있으며, 그 측면을 동시에 모조리 드러내는 일은 없다는 사실을 잊지 말아야 한다. 상황에 따라, 사람에 따라 보여주는 측면도 달라지는 법이다. 좋고 나쁜 측면, 어리석고 똑똑한 측면, 웃기고 지루한 측면, 잔인하고 다정한 측면을 말이다. '멋지기'만 하거나 '한심하기'만 한 사람은 없다.

'멋진 여성들'이라는 말은 '가부장제'에 대한 분개만큼이나 이데올로기적 일반화일 뿐이다. 두 표현 모두 엄청난 소음의 강물에서 잘난 척하며 왔다가 흘러가는 물결일 뿐이다. 선행은 개인을 대표하는 집단이 아니라 개인들의 직접적 관계에서 탄생한다. 아무리 나이 든 마초라고 해도 변화와 학습의 능력이 있으며, 지금껏 놓친 인간적 능력을 발휘해 돌연 여성을 존중할 수 있는 법이다. 반드시 그렇다는 것은 아니지만 그럴 수 있다. 모두에게는 마땅히 기회가 있다. 그렇지 않은가?

당신은 사회를 가해자와 피해자로 양분하는 흑백논리가 틀렸다고 생각하며, 이민자 남성을 무조건 범죄자로 낙인찍어서는 안 된다고 생각한다. 하지만 시대와 장소를 막론하고 인간에게는 천인공노할 짓을 저지를 능력도 있다는 사실을 잘 안다. 서로 미워하고 상처를 주며 강간하고 죽일 수도 있다는 사실을 말이다. 그래서 당신은 자문한다. 예를 들어 남성 이민자의 범죄행위를 '정치적 올바름political correctness, PC'을 위해 대수롭지 않게 여겨도 좋은가?

그렇지 않다. 개별 사건의 법적 판단은 이데올로기를 넘어 시급하게 필요하고 앞으로도 당연히 그럴 것이다. 가해자를 벌할 필요는 있다. 하지만 인종차별주의에 따라 일반화하거나 싸잡아 죄를 뒤집어씌우는 짓은 당연히 반대해야 옳다. 나아가 필요한 이 모든 판단을 넘어서 악의 평범성에 맞서고자 한다면 당신이 먼저 타인의 모범이 되어보자. 즉 당신이 누리는 자유의 윤리적 차원을 깨닫고, 열린 마음으로 타인에게 다가가 보자.

④ 관계를 바라보는 세 가지 관점

가치에 관하여

삶이라는 여정이 어디로 이끌든,
당신은 늘 한곳으로 돌아오고 싶다.
가장 자유롭고, 활기차며, 마법같이 연결되는 곳,
바로 사랑이다.

인스타그램 친구는
참된 관계라 할 수 없는 걸까?

•
•

인터레일 패스(유럽 청소년을 대상으로 하는 유레일 철도의 교통 패스―옮긴이)를 사면 4만 개 역에 도착할 수 있고, 수천 번의 만남과 경험이 가능해진다. 삶도 비슷하다. 태어난 순간, 당신은 저절로 죽을 때까지 쓸 수 있는 (심지어 죽고 나서도 유효한) 패스를 끊는다. 지금 어디에 있건, 무엇을 하건, 타인과 함께, 타인으로부터, 타인을 향해 가고 또 온다. 당신은 늘 타인과의 관계에서 존재하기 때문이다. 그들을 만나고 싶고 만나야 하기에, 당신은 걷거나 차를 타거나 비행기를 타고서 그들에게 가고 또 그들도 다가온다. 계획에 없던 만남도 잦다. 일터에서, 빨래방에서, 통화 중에, 대기 줄에서. 어떤 만남은 한 번으로 끝나지만, 다시 이어져 오랜 관계로 발전하기도 한다. 관계는 시작되고 끝나며, 잠시 멈췄다가 활력을 되찾는다.

관계는 공간과 시간이라는 추상적 범주를 좋거나 싫은 기억으로 바꾼다. 당신의 '나'가 언제, 어디서, 어떤 상태인지에 따라 다르다. 그래도 타인을 향한 여정, 상호 만남은 절대 멈추지 않는다. 당신은 타인을 절대 완벽하게 알지 못하기 때문이다. 나는 당신을 모르고, 당신도 나를 모른다. 우리가 옆방에 살며 친하게 지낸다 해도, 같은 언어를 쓴다 해도 마찬가지다. '너'는 '나'가 아니고, '당신'은 언제나 타인이다. 상대를 완전히 이해하기란 불가능하다. 당신은 배우자를 손바닥처럼 훤히 꿰고 있는가? 착각하지 마라. 내일이면 그가, 그녀가 타인이 될 수 있으니…….

종교 철학자 마르틴 부버Martin Buber는 말했다. "모든 참된 삶은 만남이다." 말이야 쉽지! 부버가 살던 시대엔 인터넷이 없었다. 삶이 디지털 공간에서 펼쳐지는 요즘엔 관계도 점점 가상으로 변한다. 현실은 얼마나 현실적일까? 틴더(데이팅 앱)나 인스타그램(소셜 네트워크 서비스)에서 맺는 관계는 얼마나 현실적일까?

2015년부터 인스타그램엔 가상의 복제인간 레베카 라인하르트가 존재한다 벌써 여덟 살인 복제인간은 오래전부터 뉴욕의 인테리어 디자이너 인스타그램을 '팔로우'한다. 가끔 '그녀의' 포스팅에 '좋아요' 하트를 눌러준다. 2020년 코로나로 뉴욕이 비상 상황에 부닥치자, 나는 '그녀'에게 짧은 메시지로 공감을 전했다. '그녀'도 제법 '개인적인' 답장을 보냈다. 2023년 1월 1일, '우리'는 신년 인사를 나눴다. 우리는 실제 인간으로서 대륙을 넘어 관계를 맺은 걸까? 혹은 그건 다 가짜일까?

나, 그녀, 우리의 '나'가 실제 인간을 넘어 디지털 프로필 형태로 관계망을 구축한 이후, 인간관계의 질이 달라졌다. '망' 안팎에서 우리 행동 패턴에 영향을 주는 기술력 덕분에 이젠 관계와 더불어 단순한 상호행동이 증가했다. '만남'은 활기차지만, '상호행동'은 상당히 뻣뻣하다. 만남은 선하고 행복하며 의미 있는 삶을 위해 중요한 비즈니스 관계, 친구 관계, 애정 관계로 발전된다. 인간에게서 자유와 독창성, 생명력을 빼앗지 않으면서도 그들을 서로 연결하기 때문이다. 그러나 상호행동은 가짜 만남이다. 디지털이건 아날로그건, 늘 똑같거나 따분하고 전문적인 척하는 과정이다. 수없이 제과점에서 빵을 계산하면서도, 정작 판매원 얼굴을 기억 못 하는 것과 같다.

1972년 뮌헨에서 태어난 레베카 라인하르트는 동시에 여러 장소에 존재한다. 평범한 현실에서 한 번, 특정 디지털 공간에서 여러 번 존재한다. 지금 자판을 두드리는 '나'와 미디어 플랫폼 '링크드인LinkedIn'에서 방금 메시지를 받은 또 다른 '나'가 있다. 현실 속 내가 있고, 가상 공간 속 다양한 복제본이 있다. 링크드인의 레베카 라인하르트는 어제 화상통화를 한 '고정된' 모습보다 '더 유동적'이다. '나의' 복제본들은 태어나고 죽을 본래 '나'와는 다르다. 복제본들은 서로 만날 수가 없다. 하지만 가상 복제본의 가짜 만남이 진짜 만남으로 발전할 가능성도 상당히 크다.

관건은 집중의 정도이다. 대충 집중해서는 아무 소득이 없다. 듣는 둥 마는 둥 하거나 아예 듣지 않으면 관계가 끊어진다. 집중을 못 하는 이유는 안팎에 있다. 안에서는 딴생각이 떠오르고, 밖에서는 전화벨 소리, 낙엽 모으는 송풍기 소리, 틱톡 알람이 들리기 때문이다. 때로는 가장 비열한 훼방꾼에게 패하기도 한다. 금방 올린 포스팅 반응을 '잠깐' 들여다보려 했을 뿐이라면, 가상 거울 속 마법에 걸려 있는 동안엔 ('반응이 어떨까? 내가 무슨 말을 했고, 어떤 글을 썼으며, 남들은 뭐라고 할까?') 상호 행동은 가능할지 몰라도 만남은 불가능하다.

＊

인터넷 시대엔 타인의 관심이 가장 희귀한 자원이다. 미국 철학자이자 전 구글 전략가 제임스 윌리엄스James Williams는 이를 디지털 디자인의 설득 기술 때문이라고 분석한다. 어디서나 '참여'를 강조하지만, 그 말은 사용자들이 최대한 오랫동안 전자기기나 웹사이트와 주고받는 상호행동을 의미할 뿐이다. 이는 윤리적 참여와는 아무 관련이 없다. 윤리적 참여를 하려면 집중력이 필요하다. 윌리엄스는 집중력을 세 가지 형태로 나눈다.

스포트라이트 Spotlight
스파게티를 포장지에서 꺼내 끓일 수 있게 한다.
스타라이트 Starlight
훌륭한 보호자, 성공한 부하직원이 될 수 있게 만든다.
데이라이트 Daylight
당신이 삶에서 바라는 것의 기초가 되는 집중력이다.

현대인은 데이라이트가 날로 흐려지고 있다. 그렇다면 우리는 모두 교묘하게 프로그래밍한 플랫폼의 관심 경제학에 포획당한 피해자일까? 우리는 모두 FOMO(Fear of Missing Out, 세상 흐름에서 자신만 유행을 놓치거나 소외되는 데 대한 불안 증상—옮긴이) 때문에 괴로운 걸까? 모두가 FOMO 탓에 괴로우면서도 괴로워하기를 바라는 걸까? 스파게티를 만들고 싶지만, 그전에 먼저 페이스북 게시글을 체크해야 한다. 그다음엔 인스타그램 포스팅, 팝업 광고 한두 개를 체크한다. 하나의 과정, 하나의 화면, 한 사람에게 집중하고 싶지만, 그럴 수가 없다. 우리가 현재를 잃어버리고, 스파게티에도 타인에도 심지어 자기 자신에도 집중하지 못하는 건 다 빅테크 기업과 그들의 알고리즘 탓일까?

모든 만남은 관심을 기울일 때 효력이 있다

타인을 참으로 만나려면 온전히 여기 있어야 한다. 장소가 가상이냐, 현실이냐는 중요하지 않다. 일주일에 한 번 줌Zoom으로 만나도 실제 당신과 건너편 사람이 서로 반향을 주고받는다면 활기찬 관계가 쌓인다. 사회학자 하르트무트 로자Hartmut Rosa는 주간지 〈슈피겔Der Spiegel〉과의 인터뷰에서 "반향이란 대답하는 세상을 향한 근본적인 그리움이다"라고 말했다. 행복하고 의미 있고 선한 삶은 몸과 마음 그리고 인간과 환경의 조화를 경험하느냐에 달려 있다. 물론 아날로그 환경에서만 그런 반향을 주고받는 건 아니다. 디지털 환경에서도 얼마든지 가능하다. 마치 당신이라는 인간과 타인이라는 인간이 픽셀화를 통해 3D로 깐빡이는 것처럼 말이다. 아날로그건 디지털이건 타인을 만나고 보고 듣고 느끼는 일은 아름다울 수도, 끔찍할 수도, 영감을 자극할 수도, 따분할 수도 있다. 어떤 순간에도, 만남은 늘 중요하다. 모두가 당신에게 당신에 관한 다른 이야기를 들려주고, 세상의 다른 단면을 보여주기 때문이다.

모든 좋은 관계는 자신에게서 시작된다

자신을 존중하지 않는다면, 인간으로서 타인을 만나는 건 불가능하다. 자신에게 다정한 사람만이 타인에게 진정한 미소를 지을 수 있다. 가짜 친절은 세상을 더 나은 곳으로 만들지 못한다. 훔친 미소, 흉내 낸 미소, 억지 미소를 원하는 사람은 없다. 내일부터 당장 다정하게 자신을 존중하려면, 그럴듯한 이유가 필요할지도 모른다. 당신이 누군가를 모욕해서 후회스럽고 창피할 수도 있다. 아니면 자신이 못마땅해서 짜증 날 수도 있다. 대체 무엇이 그리 못마땅한 걸까? 살아가는 동안 당신은 자신처럼 윤리적으로 불완전한 사람들을 끊임없이 만난다. 그들도 당신처럼 거듭 새 출발을 다짐한다. 삶을 뇌와 심장 없이 허비하지 말아야 한다는 걸 당신과 나처럼 느끼고 예감하며 알고 있다. 이 모든 여행은 언제든 끝날 수 있다.

사랑은 무한하지만 무조건적이지는 않다

삶이라는 여정이 당신을 어디로 데려가든, 당신은 늘 다시 한곳으로 돌아오고 싶다. 가장 자유롭고 활기차며, 마법같이 연결되는 곳, 바로 사랑이다. 그러나 안타깝게도 바로 그곳에서 너무도 불쾌한 충격을 경험하기도 한다. 사랑의 관계는 당신이 상상한 대로 흘러가지 않는다. 최대한 상상을 덜 하는 게 좋다. 모든 좋은 관계가 자신에게서 시작된다면, 성공적인 사랑 관계도 그러하다. 좋은 사랑의 관계는 복잡하지 않다. 복잡하지 않으려면 배우자나 자녀뿐 아니라 모든 사람을 당신이 그들의 행복을 책임지는 것처럼 대하면 된다. 상대가 나와 사고방식과 가치관이 다르다 해도 마찬가지다.

지금, 이 순간 무조건 존중하라는 말은 모든 인간을 무조건 사랑하라는 뜻이 아니다. 잊지 말자. 당신은 교황도, 신도 아니다. 마더 테레사가 될 필요도 없다. 그래도 당신은 사랑할 수 있고 사랑하려는 사람이 될 수 있다. 당신에게 그것이 인간을 향한 사랑이라면, 당신은 자연스럽게 수많은 사랑의 관계를 맺게 된다. 사랑은 무한하다. 이곳에서, 죽음 너머에서도 사랑은 힘을 발휘한다. 좋은 것이 다 그렇듯, 사랑도 아주 작은 것에서 시작한다. 한 번의 미소로 말이다.

가짜에 익숙해져서
진짜를 망각하는 순간

:
.

신경학자 올리버 색스Oliver Sacks는 죽음을 앞두고 이런 말을 남겼다. "지난 며칠간 나는 내 인생을 풍경처럼 저 높은 곳에서 내려다볼 수 있었다. 그리고 삶의 모든 부분이 서로 이어져 있음을 절실히 느꼈다." 유한성의 인식은 집중력을 갈고닦는다. 스포트라이트, 스타라이트, 데이라이트는 모든 생각, 감정, 행동, 기억과 계획의 초점을 본질로 이끄는 유일한 빛줄기가 된다. 그러면 아날로그와 디지털을 가리지 않고 가장 집중적인 관계가 가능하다.

    이 말을 남길 당시, 올리버 색스는 암으로 시한부 판정을 받았다. 그는 힘이 나는 모든 순간에 글을 썼다. 사람과 세상에 여전히 연결되어 있음을 느끼고 싶었고 반향을 원했다. 그래서 그 연결이 끊어지지 않도록 자기 생각과 감정을 타인에게 전하려 했다. 여행의 목적지에 아직 이르지 않았기에, 더 달리고 하루라도 더 경험하며 새로운 것을 겪고 발견하고자 했다. 물론 힘겨운 조건에서 삶의 여정을 이어간 색스에게도 절망의 나날은 있었다. 그러나 삶을 향한 사랑이 절망을 이긴 날들도 분명히 있었다.

어쩌면 지금 당신도 몹시 몸이 아파서, 하고 싶은 일을 다 할 수 없어서 절망하고 있을지 모른다. 이젠 혼자 일어설 수도, 팔을 들 수도, 계단을 내려갈 수도 없을지 모른다. 하지만 관점을 바꿔 당신이 할 수 있는 것, 여전히 알 수 있는 것을 깨닫고 존중한다면 모든 게 달라질 것이다. 산이 앞을 가로막고 있더라도, 관계와 삶 속에서 여전히 멋진 경험을 길어낼 수 있다고 믿는다면, 삶의 여정은 계속될 수 있다. 올리버 색스는 몸이 아픈 사람들에게만 모범을 보인 게 아니다. 그는 온 마음으로 세상과 끊임없이 대화하고 쉬지 않고 글을 쓰며 다른 이들과 하나라고 느꼈고, 세상과도 진정 하나였다. 마음을 활짝 열고 (누구건 무엇이건, 현재건 미래이건) 사랑하겠다는 마음가짐은 가장 중요한 인간의 능력 중 하나다.

＊

≫ 당신은 아주 건강하다. 다만 자신을 견딜 수가 없다. 무엇을 해도 스스로 못마땅하고 짜증이 난다. 그런 와중에 또 칠칠치 못하게 커피를 쏟자 벌컥 화가 치민다.

철학자 메리 미즐리에 따르면 분노 같은 감정 동요는 숨겨진 긍정적 능력을 발휘하지 못하고 놓쳐버린 것에 불과하다. "나는 원래 그래!"라며 화를 내는 자신을 포기하지 말고, 긍정적인 인간성의 네거티브 측면으로 보려 노력하자. 자신을 존중하는 다정한 마음으로 바라보자. 다음번에 또 커피를 쏟더라도 화가 나서 책상을 내리치지 말고 미소를 지어보자. 장단점을 고루 갖춘 당신의 인간성에 바치는 미소를 말이다.

당신은 출근길부터 온갖 사람을 만나고, 온종일 화상회의에 시달리고, 퇴근하고도 각종 행사장으로 달려가야 한다. 그렇게는 오래 버티기 힘들다. 현실이냐, 가상이냐는 중요하지 않다. 그곳에 있느냐가 중요하다. 당신이 지금 여기에 없으면 그 만남은 그저 상호행동에 멈추고 만다. 당신은 가짜에 익숙해져서 진짜를 망각하고 만다. 숫자와 자료, 사실만 주고받을 뿐 참가자들의 정신은 허겁지겁 (그리고 몰래) 컴퓨터와 스마트폰의 이 화면 저 화면을 옮겨 다닌다면, 그 팀의 미팅은 디지털 공간에서 헛돌 뿐이다. 스트레스는 치솟고, 59분의 미팅은 금방 다시 잊힐 낭비한 시간이다. 당신 인생에서 소득 없이 사라져 버린 59분이다. 이 미친 짓을 멈추자. 순간에 집중해 스트레스를 줄이자. 당신이 먼저 타인에게 본보기가 되자. 당신은 때가 되면 입을 열었다 닫는 확성기가 아니다. 당신은 상대를 인식하는 한 인간이다.

》당신 지인이 몇 주 전부터 중환자실에 누워 있다. 그녀는 매일 페이스북에 병상 라이브를 올려 친구들에게 소식을 전하고, 친구들은 '좋아요'와 눈물로 호응한다.

이모티콘은 다의적이다. 지극히 평범한 일상에서도, 극단적인 상황에서도 사용된다. 그러니 혼란스러울 수밖에 없다. 공감을 표하기 위해 올린 댓글과 이모티콘도 자동화된 행동-반응-메커니즘 일부이기에 윤리적으로 무의미하며, 관계와 만남을 지향하지 않으므로 아무런 의미가 없다. 그렇다면 환자의 포스팅도 아무런 의미가 없을 터이다. 하지만 그것이 환자에게 생존에 필요한 중요한 길이라면 어떨까? 그럴 때 이 페이스북 활동은 공허한 상호행동이 아니다. 그곳에서는 자유롭고 활기차며 독창적인 만남의 형태로서 부버가 일컬은 '참된 삶'이 일어날 것이다.

에우다이모니아:
'다정'이란 서로의 불완전함을 털어놓는 일

다정은 길모퉁이에 오줌을 갈기는 강아지, 마트로 향하는 발걸음, 남모르게 코 파기만큼이나 평범하다. 하지만 '평범하다' '일상적이다'라는 말에 가장 위대한 신비가 숨어 있지 않던가? 개는 왜 존재할까? 인간은 왜 존재할까? 인간이 존재한다면, 왜 선한 인간만 존재하지 않는 걸까? 왜 거짓말하고 도둑질하고 때리고 쏘고 죽이는 인간도 존재하는 걸까? 선하면서도 악한 인간은 왜 존재하는 걸까?

답은 하나다. 우리는 모른다. 심리학자, 정신과 의사, 변호사, 종교학자, 생물학자 등 전문가들이 모두 정답이라며 온갖 말을 던진다 해도 이들 또한 인간이다. 그들에게도 좋고 나쁜 순간이 있고, 그들도 우리처럼 사랑하고 미워하며, 남이 안 보면 코를 파기도 한다.

우리가 아는 건 무엇인가? 우리는 지금 살아 있음은 알지만, 언제 죽을지는 모른다. 반드시 죽는다는 건 알지만 삶이 바로 다음 순간 어떤 계획을 품고 있는지는 모른다. 불의와 증오, 폭력과 전쟁이 왜 꼭 있어야 하는지도 이해 못 한다. 당신은 나쁜 사람이 되고 싶지 않으며 그런 취급을 받고 싶지도 않고, 미워하고 싶지도 미움을 받고 싶지도 않다. 사실 당신은, 아니 우리는 모두 같은 것을 바란다. 더 많은 빛, 더 많은 인류애, 더 많은 느린 행복, 더 많은 지극히 평범한 친절을 바란다.

- 세상은 왜 이렇게 나쁠까?
- 왜 인류는 오래전에 악을 없애지 못했을까?
- 왜 삶은 나쁜 짓을 하지 않은 사람을 벌할까?
- 왜 세상엔 이렇게 모순이 많을까?
- 누가, 무엇이 이 지구를 만들었을까?

우리는 모른다. 그저 어둠이 세상의 일부라는 사실을 알 뿐이다. 역사상 어떤 강국도 지금껏 평범한 악에 맞설 효과적 대안을 찾지 못했다. 그러나 선의 평범성도 있다. 정확히 지금 시작되는 부드러운 힘이. 그것은 작은 반경에서 작동하고, 1~2센티미터 넓이에서도 이미 효과를 낸다.

다정은 절대 사소하지 않다

다정은 미소로 시작한다. 한 사람이 먼저 마음을 열고 다른 사람에게 다가가 "죄송해요" "실례합니다" "감사합니다"라고 인사한다. 다정은 흔히 여성들이 하는 몸짓이라고 생각한다. 여성은 잘 웃고, 감사 인사를 잘하며, 생일을 잊지 않고 챙기고, 은퇴한 어른에게 안부 전화를 건다. 하지만 여성만 그런 건 아니다. 다정은 재능이 아니라 인간 능력이다. 전 세계 수많은 남성도 똑같이 행동한다. 심지어 아이들도 길을 걷다 누군가 말을 걸면 걸음을 멈추고 헤드셋을 벗는다. 절대 그냥 지나치지 않는다. 공격적이거나 무관심하지 않다.

다정은 한 사람이 다른 사람에게 아무런 대가 없이 건네는 값진 선물이다. 아량의 가장 평범하고 단순한 형태이며, 쪼잔한 계산의 반대말이다. 당신이 내게 미소를 지을 때 좋아하는 나의 반응을 보고 기쁠 테지만, 처음부터 그런 나의 반응을 계산한 건 아니다. 나는 당신과 전혀 다를 수 있다. 지금 엄청 슬

프거나 화가 났을 수도 있다. 아니면 인지 스트리밍에 붙들려 있을 수도 있다. 안면 마비 탓에 아예 웃지 못할 수도 있다. 설사 그렇다 해도 다정은 보람이 있다. 당신과 타인에게 혼자가 아니라는 확신을 주기 때문이다. 그건 절대 사소한 게 아니다.

다정은 호의를 보이는 선의다

밤이 가면 낮이 오고, 어둠이 가면 빛이 오는 건 평범한 일이다. 사람들이 서로를 쳐다보고 서로의 말을 귀 기울여 듣는 것도 평범한 일이다. 하지만 결코 당연한 일은 아니다. 인간은 너무나 달라 서로를 오해하거나 아예 이해하지 못하기 때문이다. 그 누구도 타인을 진정으로, 뼛속까지 이해하기는 어렵다. 그래도 우리는 서로를 만나고 잠시나마 관계를 맺는다. 상대가 정신적으로 불안정하거나 심지어 위험한 사람이라고 해도 말이다.

이렇듯 나와 전혀 다른 사람들과 관계를 맺는 데는 미국의 철학자 도널드 데이비슨Donald Davidson이 주장한 '호의의 원칙principle of charity'이 적합하다. 듣는 사람이 반사적으로 상대의 말을 비합리적이고 한심하고 이데올로기적이라고 낙인 찍어서는 안 된다. 상대 입장을 최소한 이해해 보도록 상대에게 최대의 합리성이 있다고 가정한다. 예를 들면 이렇다. "내 논리로는 너의 주장을 완전히 따를 수 없지만, 그래도 나는 너의 논리가 (나의 논리처럼) 어느 정도 합리성을 담고 있다고 가정한다." 사람들은 자신과 의견이 다른 사람을 자기보다 덜 똑똑하다고 생각하곤 한다. 그러니 조심하자. 지금 여기서 누가 이데올로기적인가? 나인가 너인가? 당신인가 우리인가?

물론 '호의의 원칙'은 정언명령처럼 완고하지 않다. 상식에서 출발하는 이완 훈련이다. 긴장을 풀고 귀를 쫑긋 세우며, 질문을 던지고 또 던지면서 대화의 실마리를 푸는 것이다. 다정은 서둘러 판단하지 않고 가장 진실하지 않을 것 같은 곳에서 진실을, 적어도 그 일부를 찾는 것이다. 아침에 (아직 잠이 덜 깬) 당신에게 아이가 오늘 학교에 가지 않아야 할 이유를 줄줄이 늘어놓을 때도 '호의의 원칙'이 필요하다. 다정은 합리적이건 비합리적이건, 덜 청하건 똑똑하건, 선하건 악하건 끊임없이 서로에게로 향하는 세상을 가정하는 일이다.

다정은 억지 친절이 아니다

다정은 입꼬리를 올리며 적당히 관심 있는 척하는 게 아니다. 단골 술집의 친절한 직원이 당신의 팁을 노리고 웃는다면 그건 진정한 친절이 아니다. 진짜 친절한 직원은 호들갑스럽게 맞이하지 않더라도, 당신 이름을 기억하고 당신 테이블에 무엇이 부족한지 늘 살핀다. 억지웃음 대신 잔잔한 미소로 복잡한 인생에 대한 깨달음을 전한다. 우리 모두의 어깨엔 짐이 가득 얹혀 있고, 상대의 겉모습 속에 무엇이 숨어 있는지 알 수 없다. 그러기에 이런 직원들은 손님에게 (그 술집에서 보낸 시간이 잠시라 해도) 행복과 소속감을 선사한다.

동료도 지인도 자식도 친구도 마찬가지다. 억지로 친절했던 친구는 당신이 힘들 때 연락을 끊는다. 진정으로 다정한 친구는 당신 인생길이 다른 방향으로 접어들었을 때도 변함없이 다가온다. 가끔이지만 늘 새롭게. 다시 보고 다시 듣고 다시 이해하자는 새로운 초대장을 손에 들고서.

다정은 완벽하지 않다

성공에 목매는 우리 사회에서 완벽은 방패다. 실패와 불안과 절망을 막아줄 갑옷이다. 완벽하지 못하면 약하다. 다정은 상대에게 자신의 결점과 실수를 털어놓는 일이다. "이번에도 하지 못했어." "알고도 아무 말 못 했어." "용기가 안 났어……." 왜냐고? 우리는 자동차나 바비인형이 아니라 인간이기 때문이다.

다정은 딴 사람인 척하지 않는다. 자신과 타인에게 신뢰하고 용서하고 내려놓을 기회를 선사한다. 다정함이 흘러넘치면 가쁘던 숨이 가라앉고 통제할 수 있으리라는 강박감은 쓸모없다.

다정은 인간성의 길로 접어드는 통행증이다. 다정하고도 불완전한 환경에서는 패배와 고통과 당황을 허용할 수 있다. 그러고도 나중에 '후회'하지 않을 수 있다. 호감은 완벽함에서 나오지 않는다. 다가갈 수 있어야 호감도 느낄 수 있다. 완벽이란 비현실적이며 우리 시대가 만들어 낸 망상이다. 완벽한 사람은 매일 성공하고 강하며 긍정적이라는 망상 말이다. 다정은 거짓말을 하지 않는다. 다정은 신뢰를 퍼뜨린다. 방패가 아니라 피난처이다. 여전히 너무도 거슬리는 모든 환경에서 언제든 들어가 쉴 수 있는 이동식 주택이다. 윤리의 작은 집이다.

다정은 위험을 기꺼이 감수한다

다정은 상대를 몰라도, 이해하지 못해도 공감 가득한 눈으로 바라본다. 예를 들어 잘 차려입은 한 할머니가 지금 인도를 걷다가 갑자기 비틀거리며 넘어진다고 상상해 보자. 할머니는 길에 누워 있고 장바구니에서 오렌지 두 개가 도르르 굴러 나온다. 당신이라면 어떻게 하겠는가? ① "어디 다친 데는 없으세요?"라고 물으며 할머니가 일어설 수 있게 부축한다. ② 그냥 지나간다. 당신 말고도 도와줄 사람은 많고 당신은 지금 시간이 없다. ③ 그냥 지나간다. 할머니 차림새를 보아하니 괜히 도와준다고 부축하면 자존심이 상하실 것 같다. (안 그래도 할머니는 벌써 발딱 일어나 오렌지를 줍고 있다.)

"다정은 언제 적절하고, 언제 그렇지 않을까?" 이 질문 자체가 틀렸다. 우리는 언제나 잘못 생각할 수 있다. 그러니 이렇게 물어야 옳다. "나는 지금 어떻게 나의 편견을 떨쳐낼 수 있을까?" 평소 당신이 싹수없다고 생각했던 남자가 어려움에 부닥친 당신을 적극적으로 도와준다. 반면 마음씨가 곱다고 여겼던 여자가 알고 보니 천하의 사기꾼이었다. 지금도 당신은 그 할머니가 옆에서 도와주기를 바라는지 알 수 없다. 어쨌든, 그녀에게 필요한 것, 우리 모두 필요로 하고 원하는 건 다정한 공감이다. 그녀의, 나의, 당신의 성격이나 사회적 신분이 어떻든 그건 상관없다. 물론 공감이 무조건적이어야 한다는 뜻은 아니다. 하지만 공감은 (사랑과 마찬가지로) 한계가 없어야 한다.

모든 좋은 순간이 유일하며 값지다는 사실을 고려할 때, 윤리적 한계를 완전히 허무는 일이야말로 최선일 터이다. 삶의 궁극적 한계는 죽음이다. 무한한 다정이 죽음을 막을 순 없다.

하지만 상황에 무관하고 자발적이며 늘 새롭게 서로를 향해 관계를 맺는 이 무한한 다정은 궁극적 한계에 대한 우리의 두려움을 분명 줄여줄 터이다.

2부

세계의 허상은
디테일에 있다

⑤ 욕망과 필요 사이에서
선한 영향력에 관하여

●
'필요하다'와 '갖고 싶다'에는 큰 차이가 있다.
'가짜 욕망'은 단지 욕망한다는 이유만으로
필요하다고 믿는 것에서 비롯한다.

_해리 프랭크퍼트

파워 인플루언서의 힘을
어디까지 믿어도 좋을까?

•
•

이 행성에서 우리는 무엇을 위해 존재하는가? 당신은 여기서 누구를 위해 무엇을 하고 있는가? 마음의 나침반이 정보를 제공한다. 나침반 덕분에 당신은 난장판 같은 세상을 뚫고서 의미 있는 삶이 무엇인지, 느린 행복은 어떻게 탄생하는지 감지할 수 있다. 느린 행복은 지극히 평범한 선에서 비롯된다. 그저 서로 관계를 맺고, 서로를 위해 존재하면 된다.

문제는 이런 마음의 나침반이 당신에게 방향을 지시하는 유일한 권위가 아니라는 데 있다. 나침반은 당신의 감정과 확신, 행동을 에워싼 수천 가지 영향에 맞서야 한다. 나쁜 뉴스는 화창한 날씨에 바닷가를 거니는 것과는 다른 방식으로 당신에게 영향을 미친다. 윤리적으로 중요한 건 무엇보다도 당신이 원래는 하지 않으려던 일을 하게 만드는 어떤 영향력이다. 인플루언서, 즉 주로 소셜 미디어에서 활동하는 '공인'도 물론 이런 영향력에 포함된다.

한번 상상해 보자. 당신은 지금 카페에서 지인을 기다린다. 오후 4시가 지났다. 그는 여전히 오지 않는다. 시간이나 때우자고 인스타그램에 들어갔다가 패션 라이프스타일 인플루언서 카롤리나 카우어의 계정에 흘러 흘러 도착한다. 포스팅 내용 수준이 그저 그런데도, 당신은 그 '스토리'에서 빠져나오지 못한다. 그녀는 아이들과 장난치고, 새로 산 아이섀도를 발라 보인다. 그러다 느닷없이 명품 가방을 사더니, SUV를 타고서 어느 행사장으로 달려간다. 그러고는 쇼핑백을 들고 친구들과 포즈를 취한 뒤 향수를 소개하고, 클럽에서 신나게 몸을 흔들고 단체 셀카를 찍는다. 마지막엔 이탤릭체 글씨로 적은 한 줌의 화두를 던진다. "사람들은 짱 멋졌는데, 기분이 금방 울적해서 이런 생각이 드네. 나 여기서 뭐 하는 거지?"

여지없이 또 그 질문이다. 질문 중의 질문. 인플루언서 카롤리나 카우어는 당신한테서 모든 나쁜 감정을 다 앗아가려고 이 세상에 존재하는 것 같다. 그러기 위해 그녀는 빡세게 일한다.

그녀는 패션 브랜드, 컨설팅회사, 카페를 아우르는 지주회사를 거느리고, 직접 만든 포도주를 판매하며 특정 가치를 상품화한다. 카우어 같은 인플루언서는 진정한 자기 연출의 전문가이자, 소비자본주의와 윤리라는 이중의 토대 위에 세워진 세상의 창조자다. 그들의 사업은 격변과 위기의 시대, 과거의 확신이 의심받고 불안이 커질 때 가장 번성한다. 위르겐 하버마스Jurgen Habermas가 말한 "더 나은 논리의 강요 없는 강요"가 더는 설득력을 갖지 못할 때 가장 번성한다. 지금이 바로 그때다.

그러기에 지금 인플루언서들은 (미성년자뿐 아니라 성인까지 포함해서) 수백만 명에게 인정받는 합법적 권위의 대변인이 되었다. 그들이야말로 행복을 전하고 방향을 제시하며 의미를 부여하는 권위자이자 공동체를 구축하는 사람Community-Builder이다. 이들 '인간 광고판Werbeköper'(볼프강 M. 슈미트와 올레 니모엔이 《인플루언서》에서 이들을 일컬은 용어―옮긴이)을 수많은 사람이 찬양하는 이유는 그들이 자신의 제품만이 아니라 그것과 떼려야 뗄 수 없는 자신들의 선을 팔기 때문이다. 그러기에 파티에 진심인 카우어도 붉은 립스틱 옆에 "장소는 그곳에 있는 사람만큼만 좋다Places are only as good as the people in it" 또는 "자신의 영혼을 찾아라Find your soul" 같은 문구를 포스팅한다. 인플루언서는 가치 중심의 브랜드와 협력할 뿐만 아니라, 그 자체가 '나'라는 브랜드이다. 가짜 속의 진짜를 대변하는 시장성 있는 '나'의 가치다. 아니면 진짜 속의 가짜를 대변하는 걸까?

"소셜 네트워크에서 강력한 존재감과 명성을 이용해 제품이나 라이프스타일 등을 홍보하는 멀티플레이어." 위키피디아는 새롭게 등장한 이 권위를 이렇게 정의한다. 이들의 '명성'이 딛고 선 발판은 믿고 싶지 않아도 믿게 되는 '신빙성'이다. 인플루언서는 마술사처럼 손에 잡히지 않는다. 대신 그들은 최신 기술의 사진과 영상, 짧은 글귀를 전시한다. 그들을 팔로우하면 귀가 행복해지는 해시태그, 즉 #사랑 #다양성 #포용 #스톱헤이트stophate 등으로 가득한 디지털 백화점으로 안내받는다. 그곳 구석구석에서 선의 탱크를 채우고, 가는 곳마다 쇼핑 유혹을 받는다.

그러니 의욕을 북돋는 메시지가 여기저기 흩어진 패션과 화장품 세상에서 마음이 편한 사람이라면 카우어(@karokauer)가 제격이다. 킴 카다시안(@kimkardashian)을 팔로우해도 좋다. 그녀의 계정은 화장품과 속옷 말고도 흑인 재소자와 아빠 없이 노숙하는 가족을 돕는 사회 참여 활동도 홍보한다. '지속 가능한' 자아를 찾고 싶다면 '의미 인플루언서' 루이사 델러트(@louisadellert)가 있고, 코미디를 원한다면 인터넷에서 미움에 저항하는 근육질 청년 번드 엘리베이터 보이즈(@elevatormansion)가 당신을 기다린다. "Follow me! 나와 나의 커뮤니티를 따르렴! a) 믿을 수 있고, b) 멋진 제품을 제공하니까."

 *

이처럼 도저히 거부할 수 없을 만큼 강력한 인플루언서의 영향력은 서로 밀접하게 연관된 두 요인에서 나온다. 첫째는 팔로워를 늘리고 유지하는 ('고객 충성도'라 불러도 좋을) 설득의 기술이다. 미국 마케팅 전문가 로버트 치알디니[Robert Cialdini]는 1984년에 출간된 《설득의 심리학》에서 이 기술을 '원칙'의 형태로 정리하며 이렇게 제시했다.

상호성 "진짜 내 모습을 보여줄게. 그러니까 내 신상을 사줘."
희소성 "내 한정판 제품은 이번 주에만 팔아."
권위 "나는 진정성이 있고 윤리적 가치에 입각하지. 그러니까 내 추천을 믿어줘."
호감 "나는 네가 좋아. 나는 진실하고 친근해. 그러니까 나를 사랑해 줘."

일관성 "내가 보내는 메시지는 항상 똑같아."

사회적 증거 "다른 사람 모두 벌써 와서 내 신상을 샀어."

당신이 정치인이라면 이 모든 원칙을 선거전에 활용할 수 있다. 인플루언서의 영향력과 퍼스널 브랜딩은 정치적 권위의 의미마저 서서히 바꾸고 있다. 이제 정치인은 장관직이나 의원직을 충실히 수행하는 것만으로는 신뢰를 얻기 어렵다. 진정성 있게 자신을 연출할 줄도 알아야 한다. 인스타그램이나 틱톡의 쇼츠가 황금 시간대의 TV 출연보다 더 넓은 영향을 미칠 수 있기에 요즘 정치인들은 당연히 인터넷에도 진지를 구축한다. 그곳에서 재미나게 행동하고, 사람들이 그를 비난하고 상처 주지 않도록, 그를 좋아하고 칭찬하며 추천하도록 행동한다. 그들은 모두를, 특히 차별에 민감한 젊은 층을 존중한다. 1997년 이후에 태어난 Z세대와 1980년 이후에 태어난 밀레니얼 세대는 투표권 수는 가장 적지만, 인플루언서 수는 가장 많다.

인플루언서 영향력의 첫 번째 요인은 두 번째 요인과 자연스럽게 연결된다. 바람과 필요, 수요와 욕망의 정교한 혼합이다. 인플루언서들은 그들이 필요할 수밖에 없다는 느낌을 안겨준다. 매일, 매시간, 매분, 매초…… 그들의 활동을 체크하지 않으면 안 된다는 압박감을 준다. 그들은 당신에게 꼭 필요한 존재이므로 영상, 티셔츠, 워크숍, 멋진 글귀를 갖고픈 당신의 바람이 반드시 이뤄져야 한다고 귀에 못이 박히도록 되풀이한다. 사실 '필요하다'와 '갖고 싶다'에는 큰 차이가 있다. 전립선 수술을 받고 싶지는 않지만, 수술이 필요할 수 있다. 혹은 오리털 파카가 필요 없는 데도 사고 싶을 수 있다. 철학자 해리 프랭크퍼트에 따르면 '가짜 욕망'은 단지 욕망한다는 이유만으로 필요하다고 믿는 것에서 비롯된다.

- 우리가 진짜로 꼭 가져야 하는 건 무엇일까?
- 우리에게 실제로 필요한 영향은 무엇인가?
- 불안한 세상을 살아가는 생명체로서 바람직하고도 필수적인 것은 무엇인가?

처음으로 돌아가 보자. 당신은 여전히 카페에 앉아 있다. 지인이 나타난다. 당신은 대화에 푹 빠져 인스타그램을 까맣게 잊어버린다. 그때 비명이 들린다. 옆자리 젊은 남자가 푹 쓰러지며 이마를 탁자에 쾅 부딪힌다. 당신과 지인은 벌떡 일어나고, 카페의 모든 사람이 벌떡 일어나서 뭔가 할 일이 없을까 두

리번거린다. 놀랍지 않은가! 누가 봐도 도움이 필요한 사람 하나가 갑자기 그 공간에 있던 모든 개인의 관심을 공동 목표를 향해 끌어모으고, 모두에게 공동 행동의 의욕을 불어넣는다. 갑자기 모두에게 다른 그 무엇보다 중요한 게 생긴다. 대화와 생각과 불안보다 더 중요한 것, 그 모든 쇼핑 경험보다도 더 중요한 것이.

'필요해' 보이는 이것저것으로 당신 관심을 돌리는 임의의 충동은 이제 더는 존재하지 않는다. 당신과 지인, 그리고 카페의 다른 모든 손님은 지금 중요한 것이 절대 임의적이지 않으며, 실존적 차이를 일으킨다는 사실을 의식하며 행동한다. 지금 중요한 건 그 젊은이를 보살피는 일뿐이다. 다른 모든 선택지는 배제하고서.

진정으로 '함께'하는 자유를
경험한 적 있는가

•
•

우리는 무엇을 위해 이 행성에 있을까? 여기서 우리는 사실상 무엇을 하며, 왜 하는 걸까? 인플루언서는 소비 결정을 넘어서는 문제에는 방향을 제시하지 못한다. 아무리 시도해도 그럴 수 없다. 그들의 '나'는 그들이 소셜 미디어에서 퍼뜨리는 '가치'와 마찬가지로 실제가 아니기 때문이다. 그들의 영향은 부메랑처럼 브랜드 '나'의 동기로 되돌아간다. 수많은 팔로워와 커뮤니티를 거느리고 구축해도 그들의 비즈니스에는 공동 목표와 공동 행동의 동일시를 전제로 하는 진정한 공동체가 없다. 그들이 '이용하는' 공동체에서는 세상을 바꾸는 힘이 너무 적게 흘러나오므로, 결국 그들의 영향력은 그저 비슷한 내용의 끝없는 나열로 기억에 남을 뿐이다.

지금 이 순간, 함께 어떤 것을 걱정하는 다양한 개인의 우연한 집합이 갖는 영향력은 그것과 극명하게 다르다. 그것은 우리가 함께하는 일에서 나오는 선한 영향력이다.

- 우리는 충동적으로 혹은 강제적으로 행동하는가?
- 그와 달리 행동할 수 있기를 바라지 않는 걸까?
- 우리는 어떤 기회에 함께하고 싶은 일을 하는가?
- 정말로 자유롭고 활기차다고 느끼는 때는 언제인가?

감정을 불러일으킨 사건이 끝난 뒤에도 한참 동안 남는 자유와 활력의 느낌은 느린 행복의 신호이다. 당신이 함께한 경험이 영향을 미치는 순간, 이 신호가 가장 반짝일 터이다.

다시 그 카페의 장면으로 돌아가 보자. 청년은 다시 일어났다. 두 손님이 그를 일으켜 세우고, 다른 한 사람이 상처 난 그의 이마에 손수건을 대고 있다. 청년은 당황하고 민망한 듯 히죽 웃으며 속이 안 좋아서 그랬다고, 어제 술을 너무 많이 마셨다고 말한다. 이만하기 다행이다. 사람들은 웃으며 한동안 청년 옆에 서 있다가 다시 자기 자리로 돌아간다.

그래도 이 에피소드는 그냥 지나가지 않는다. 무슨 큰일이 일어난 건 아니었다. 하지만 어떤 일이 일어났다. 그리고 이해관계와 목적이 다른 다수의 사람 사이에서 실제로 선한 영향력이 생겨난 경험은 오래도록 기억에 남는다. 이제 그들은 자기 자신을, 지극히 평범한 자신의 인간성을 지극히 실존적으로 어떻게 사용하고 싶은지를 다시금 깨닫는다. 장폴 사르트르Jean-Paul Sartre는 "인간은 타인과의 관계에서 자신을 정의한다"라고 말했다.

자유롭고 활기찬 모든 인간 뒤편에는 '우리'가 숨어 있다. 이 세상 누구에게나 공동체는 필요하다. 인플루언서 뒤편에 숨은 인간조차도 그러하다. 결국 그 사람도 소셜 미디어 너머에서는 우리가 사는 세상의 일부이기 때문이다. 이때의 공동체는 거대한 특정 집단, 포퓰리즘적이고 독선적인 '우리'가 아니다. 아주 작고 소박하며 평범한 '우리'다. 모든 개인을 원래의 자신이 되게 만드는 우리, 각양각색의 사람들이 자발적으로 뭉쳐 모인 우리, 늘 다시 새롭게 탄생하는 우리, 어마어마한 범위까지 영향을 미치는 우리다. 우리의 협력은 언제 어디서나 필요하다. 누군가 기절하거나 괴롭힘을 당할 때, 그 밖에도 온갖 도움이 필요할 때는 언제나.

＊

≫ 당신은 정기적으로 링크드인(비즈니스 소셜 네트워크 서비스)에 들어간다. 거기서 다양성과 리더십 윤리 같은 주제를 외치는 몇몇 '탑 보이스Top Voice'를 팔로우한다. 이들의 글이 실제로 얼마나 믿을 만한지 궁금하다.

각각의 '탑 보이스'가 올린 글이 어떤 방향으로 향하는지 점검해 보자. 그들이 다른 사람들에게 확신을 주고, 소셜 미디어 공간 밖에서 함께 무엇이든 변화를 모색하자고 용기를 북돋우며, 어떤 주제에 관한 공론에 영향을 주고 있는가? 혹시 그들의 글에서 눈에 보이지 않는 거대한 화살표가 튀어나와 본인 자신을 가리키지는 않는가? "진짜 중요한 건 나야!"라는 뜻으로 말이다.

진정한 권위는 말과 행동의 일치에서 드러난다. 다른 사람들이 (실제 현실에서 그 사람과 나눈 경험을 바탕으로) 그에 관해 들려주는 내용이 일관될 때가 진정한 권위다. 한쪽에서는 극찬이 다른 쪽에서는 수상한 소문이 돌면, 그것은 진정한 권위가 아니다. 실제 현실이 진짜 고향이며 그곳에서 다른 사람들과 함께, 다른 사람들을 위해 자기 영향력을 발휘하는 '탑 보이스'가 진정한 권위와 진짜 명성의 주인공이다. 그럴 때 이들은 퍼스널 브랜드를 넘어서며, 신뢰할 수 있는 출처가 된다. 그렇지 않다면 그냥 생각나는 대로 주절대는 '수다꾼'일 뿐이다.

» 당신은 지금 위기에 빠졌다. 그래서 사람의 온기가 필요하다. 용기를 잃지 않도록 토닥여 줄 공동체가 필요하다. 하지만 어디를 찾아가도 접시에 담아 내놓는 건 '고급' 명상 코스나 심리상담 같은 것뿐이다.

당신이 생활하는 환경을 살펴보자. 소셜 미디어에서 디지털 퍼스널 브랜드의 휘발성 삶을 흉내 내는 사람들과 너무 많은 시간을 보내지는 않는가? 그렇다면 로버트 치알디니 흉내꾼들과 어울리게 될 가능성이 크다. 그럴 땐 서둘러 다른 환경을 찾아보자. 맨손체조 클럽에 등록하자. 맞다. 당신은 제대로 잘 읽었다! 모두가 따로 자전거에 앉아 땀을 흘리며 디스플레이를 보면서 자신의 '실적'을 모니터링하는 그런 곳이 아니라, 각양각색의 사람들이 우연히 섞여 함께 서킷 트레이닝을 하는 전통적인 단체 말이다. 이 방식으로 신체 온도를 높이고, 나아가 당신 상황에 긍정적 영향을 미치는 '우리'를 만날 현실적 기회를 얻게 된다.

열세 살 딸이 인플루언서가 되는 게 꿈이라고 하니, 걱정이 밀려올 수도 있다. 하지만 꼭 그럴 필요는 없다. 딸이 말라비틀어진 도델 몸매를 만들겠다고 종일 굶거나 하는 이상한 짓만 하지 않는다면 그것도 경험이니 내버려두자. 팽창하는 인플루언서 시대에 맞서 당신이 딸에게 어떤 영향을 끼칠 수 있을지 고민하는 편이 더 낫다.

온 가족이 좋아하는 공동의 의식이 있는가? 온 가족이 모여 밥을 먹고 노래를 부르는가? 온 가족이 함께 무엇이든 하게 만드는 동기가 무엇인가? 그게 무엇이건 말로만 '우리'를 외치지 말고 행동으로 옮기자. 강요하지 않으면서 가족 각자가 취향과 기질을 한껏 발휘할 수 있는 그런 공동의 행동 말이다. 그렇게 한다면 딸은 자신만의 확고한 감각을 키우고, 바라는 것과 진짜 필요한 것이 다르다는 사실을 절로 깨닫게 될 것이다.

6
나르시시즘 시대에 살아남기
존엄성에 관하여

●
인간으로 존재하는 일보다
더 중요하고 시급한 일은 없다!
자기 존재가 흔들리는데
어떻게 선할 수 있단 말인가?

가짜의 가스라이팅을
알아챌 비결이 있을까?

●
●

인생을 한눈에 굽어보기란 쉽지 않다. 어떤 길이 빽빽한 수풀로 들어가는지, 어떤 길이 훤한 공터로 나아가는지 확실치 않다. 인생의 여정에서 만나는 사건, 동물, 사람에게는 사용설명서가 붙어 있지 않다. 그래서 우리는 마음 곳간을 그득 채워주는 흐뭇하고 감격스러운 일도 만나지만, 자칫 엇길로 빠지거나 막다른 골목에 다다르기도 한다. 그러나 인생 전체를 보면, 얼마나 자주 길을 잘못 드는지는 중요하지 않다. 중요한 건 (아무리 느려도) 계속 앞으로 나아간다는 점이다. 또 아무리 위기가 닥쳐도 항상 되돌아오고 달아날 수 있다는 사실이다. 예를 들어 자신감을 무너뜨리는 사람을 만났을 땐, (인간적으로 '독이 되는' 영향을 미치므로) 한시바삐 달아나는 게 상책이다.

독이 되는 인간은 윤리의 배신자다. 많은 선을 약속하지만, 더 많은 악을 불러온다. 미국 심리학자 라마니 두르바술라Ramani S. Durvasula에 따르면 이들은 대부분 나르시시스트Narcissist이다. 물론 그녀가 사용하는 이 개념은 정신장애보다는 치료가 거의 불가능한 인격 유형을 지칭한다. 독성Toxic과 나르시시즘Narcissism의 위험한 혼합(앞으로는 줄여서 TN이라 부르겠다)은 자기 권리만 챙기고 만족을 모르는 문화에서 가장 강력한 독을 퍼트린다.

※

이 TN들은 공감을 모른 채 가짜 카리스마를 과시하며, 자신이 특별한 '인물'이자 믿을 수 있는 모범인 척한다. 하지만 실상은 자기 이익, 돈, 권력, 성공에만 눈먼 사람들이다. 그들은 기만과 조작, 강요 위에 쌓은 "아름답고 선하며 진실한" 현실을 당신에게 서비스해, 당신이 그들에게 원하는 것을 바치게끔 만든다. 이런 환상에 걸려든 당신은 자신의 얼굴이 아니라 그들 얼굴을 대문짝만하게 비추는 거울을 들여다보고 있다. 결국 당신은 가상과 현실, 환영과 모범을 헷갈리게 된다.

"다시 위대한 미국을 만들겠다"던 포퓰리스트 도널드 트럼프Donald Trump가 구세주 흉내를 내며 나라를 양극단으로 갈라놓자, 사람들은 당황했다. 칭송받던 영화제작자 하비 와인스타인Harvey Weinstein의 성폭행이 미투 운동MeToo을 통해 세상에 알려지자, 사람들은 믿을 수 없었다. 500억 달러가 넘는 투자금을 가로챈 전 나스닥 회장 버니 메이도프Bernie Madoff의 사기 행각 또한 전 세계를 경악과 충격으로 몰아넣었다. 너무 많은 이들이 그들을 믿고 존경했으며, 심지어 구세주로 여겼다. 너무 많은 이들이 그들의 성실과 정직을 믿었다.

꼭 유명인일 필요는 없다. TN들은 정치, 경제, 소셜 미디어를 가리지 않고 모든 분야에 흩어져 있다. 회사, 파티장, 어린이집, 대학교, 가정, 심지어 침실까지 그들은 독을 뿌려댄다. 그들은 어디에나 있다. 반드시 '남성'인 것도 아니다. 그저 이들의 특성이 전통적 남성성의 규범(크고 강하고 세게!)을 통해 장려되었을 뿐이다. 여성은 항상 공감이 넘치니까 언제나 믿어도 좋은가? 그렇지 않다. 자기 이야기를 넷플릭스에 팔아치운 가짜 상속녀이자 사기꾼인 애나 소로킨Anna Sorokin은 보기 드문 사례가 아니다.

영화 〈월스트리트〉에서 마이클 더글라스Michael Douglas가 열연한 인물 고든 게코Gordon Gekko는 '탐욕은 선'이라고 주장한다. 그는 도저히 구제받지 못할 죄들을 윤리의 금본위제라고 외치며, 가장 오래된 터부를 새로운 '미덕'으로 추앙한다. 물론 실제 삶에선 자신이 탐욕스럽다는 사실을 그 누구도 자발적으로 인정하지 않는다. TN들도, 아니 그들이야말로 결코 인정하지 않는다. 돈과 권력, 성공을 노리는 그들의 탐욕은 말과 행동의 차이에서 드러난다. 그들의 달콤한 약속과 그들이 당신과 다른 사람들에게 저지르는 짓의 틈바구니에서 드러난다.

  TN들은 '잘 믿는' 사람뿐 아니라 선을 믿고 선에 이바지하려는 사람들을 노린다. 일을 정말 잘해서 상사와 동료, 실습생에게 도움이 되겠다는 의욕은 지나친 욕심일 수 있다. 사랑하고 사랑받고 싶은 정당한 욕망에서 누군가에게 항상 선행만 베푼다면 지나친 행동일 수 있다. 배우자, 부모, 친구 등 당신을 인정하고 심지어 사랑할 것이라 믿었던 사람들에게도 (몸과 마음이 다 망가질 때까지) 이용당할 수 있다. 어쩌다 이 지경까지 왔을까? 당신은 궁금하다.

    – 나는 오랜 세월 그의/그녀의 행동을 용서했다.
    – 나는 환상을 믿었다.

- 나는 현실감각을 잃었다.
- 나는 가짜를 진짜라고 생각했다.
- 나는 인간을 거울과 헷갈렸다.

    TN들은 기가 막힌 배우들이다. 선하고 의로우며 품위 있는 사람의 역할을 어찌나 잘 해내는지, 스스로도 진짜라고 믿을 지경이다. 그들이 거울을 들여다보면 그 안에는 마리아, 모세, 모하메드가 있다. 이들 일터의 성자^{聖者}들은 자신의 '사명'과 '목적'을 사마리아인, 시몬 드 보부아르, 마틴 루서 킹의 연합이라 마케팅하면서 다른 사람들의 에너지와 돈을 갈취한다.

    따라서 '잘' 나가는 TN 상사들이 사기행각으로 처벌을 받기까지는 상당한 시간이 걸린다. 그때까지 그들은 우먼 파워, 다양성, 지속성을 위해 열정적으로 투신한다는 이유로 칭찬과 상을 끌어모은다(아니면 자신을 그런 사람으로 칭송해 공격을 막는다). 그들이 당신에게 주는 것은 듣기 좋은 약속뿐이다. 그 약속을 믿고 당신은 모든 것을 그에게 갖다 바친다. 힘과 성기, 야근까지 전부. 사생활이라고 다를 게 없다. '사랑'도 마찬가지다. 당신에게 사랑은 주고받는 것이지만, 당신의 침실에 함께 누운 그 성자는 당신이 아무것도 받지 않은 채 온기와 공감으로 되돌아오리라는 기대조차 없이 그저 주기만 하는 게 사랑이라고 생각한다.

TN을 완벽하게 예방할 면역력은 누구에게도 없다. 누구나 그들의 독화살에 맞을 수 있다. 선을 믿는 모두가 긍정적 환상에 취약하다. 특히 위기가 닥쳤을 땐 더욱 그렇다. TN들과는 진정한 만남이 불가능하다. 따라서 그들을 상대할 땐 신뢰나 열린 마음이 아니라 자기방어가 필요하다. 왜 그럴까? 그들이 당신의 존엄성을 공격하기 때문이다. 당신과 우리 모두의 가장 소중한 자산, 그 누구도 어떤 상황에서도 훔쳐 가서는 안 될 재산을 공격한다. 존엄성은 인간성의 심장이다.

※

TN들의 전형적인 행동은 상스럽고 미개하다. 사실 상당히 눈에 띄는 여러 경고 신호가 있지만, 너무 뚜렷해 오히려 못 보고 지나치기 쉽다. 하버드 대학의 실험심리학자인 크리스토퍼 차브리스Christopher F. Chabris와 대니얼 사이먼스Daniel James Simons는 선택적 인지selective perception에 관한 심리 실험을 시행했다. 고릴라로 분장한 사람을 농구선수 무리 사이로 지나가게 했다. 피실험자 대부분이 고릴라를 보지 못했다. 그렇듯 우리도 TN

들을 너무나 자주 못 보고 지나친다. 자, 그렇다면 그들의 대표적 특징은 무엇일까?

공감이 부족하다

TN들은 드라마 주인공이 큰 아픔을 겪을 땐 엉엉 울지만, 정작 눈앞에서 누군가 아파하면 짜증을 내며 "어쩌라고?" 묻고는 휙 가버린다. 그들은 매사에 무심하지만, 자신의 지위가 달린 문제에선 충격적일 정도로 예민하게 반응한다. 이들은 정말로 매우 피상적이다. 타인의 마음을 전혀 공감하지 못하고 타인의 말을 귀 기울여 듣지 않아, 걱정하거나 위로하지 못한다. 물론 자기한테 득이 될 때는 '공감'한 척 연기한다. 특히 증인이 있을 때는 연기력이 그야말로 폭발한다.

허황한 미래를 약속한다

대단한 약속을 던지지만, 그 약속을 상기시키면 서둘러 또 다른 약속을 던진다. "나도 알지. 내가 너한테 이런저런 빚을 졌잖아. 그런데 요즘 내가 신경 쓸 일이 너무 많아서 말이야. 조금만 더 기다려 줘. 널 위해서라면, 우리 대의를 위해서라면, 나라를 위해서라면, 인류를 위해서라면 나는 무슨 일이든 할 거니까." TN들은 뛰어난 스토리텔러이다. 결국엔 해피엔딩으로 끝날 찬란한 미래를 색깔을 바꿔가며 화려하게 그려본다. 당신이 믿고 주었던 모든 것을 정말로 되돌려 받게 될 그날을 휘황찬란한 빛깔로 그려 보인다. 그러나 그날은 절대 오지 않는다.

끊임없이 감시한다

돈과 권력, 성공을 쟁취하는 TN들의 방법은 딱 정해져 있다. 처음엔 멋진 이야기를 늘어놓고, 그다음엔 (자신에게 주어진 신뢰를 단단히 확보하기 위해) 통제하고 또 통제한다. 당신이 알아서 결정하고 싶다고? 좀 자유롭게 살고 싶다고? 잊어라! 온종일 TN 시중만 드는 게 아니라 친구도 만나고 운동도 하고 싶다고? 포기하는 게 좋다. TN은 경고한다. "뭐 할 건지 미리 알려줄래?" 말을 안 들으면 벌이 돌아온다.

진실을 흐린다

TN들의 가장 비열한 전략이 바로 '가스라이팅'이다. 이는 심리스릴러 영화 〈가스등〉에서 따온 용어로, 주인공(잉그리트 버그만)의 남편은 그녀를 미친 사람으로 몰아 진짜로 미치게 만든다. 가스라이팅은 2022년 유서 깊은 미국 사전 출판사 메리엄 웹스터Merriam-Webster가 '올해의 단어'로 선정하기도 했다.

가스라이팅은 이성을 마비시킨다. 진실을 거짓으로 흐린다. "아냐. 난 그런 말을 한 적 없어. 당신이 꼬아서 들었네. 과민 반응이야. 내 도움이 필요해서 그래?" 독일 공보험 회사 바머Barmer는 가스라이팅을 "심리 폭력의 한 형태"로 분류한다. 하지만 가스라이팅은 그 이상이다. 그것은 윤리적 정체성의 훼손이다. 혼이 닿는 한 항상 선행을 베풀 수 있는 지극히 평범한 능력을 망가뜨린다. 자기 존재가 흔들리는데 어떻게 선할 수 있단 말인가?

TN들은 당신을 평범한 선에서 멀어지게 만든다. 당신이 자신을 잃어버리게 만든다. 환상과 모범을, 선과 위대한 영웅 행위를 헷갈리게 만든다. 그들이 '위대한' 분야는 자기 과시와 자기 자랑뿐이다. 진정한 위대함은 자신과 타인을 향한 존중, 사랑, 공감을 키워 나가는 능력에 있다. 그 언젠가가 아니라 지금 이 자리에서.

현실을 외면한 채
환상을 끌어안고 있다면

•

선으로 돌아가는 길은 느긋한 산책이 아니다. 그러나 TN에게서 벗어나 당신이 진정 누구이고 무엇인지를 다시 고민할 때, 그 길도 차츰차츰 수월해진다. 정신과 의사 노스라트 페제쉬키안Nossrat Peseschkian이 쓴 책에 나오는 페르시아 신비주의의 비유처럼 말이다.

한 여성이 바퀴 달린 여행 가방을 끌고서 울퉁불퉁한 길을 따라 천천히 걸어가고 있습니다. 길 양쪽은 어디를 봐도 사막뿐입니다. 무더운 여름인데도 그녀는 인조 모피 코트를 입고 있습니다. 왼팔 겨드랑이에는 파일과 노트북을 끼고,

오른쪽 팔에는 아령 세 개를 매달아 두었습니다. 허벅지와 종아리에는 엄청 넓은 트레이닝 밴드를 둘둘 감아놓아서 종종걸음을 걸을 수밖에 없습니다.

정오가 가까워질 무렵, 한 농부가 마주 걸어옵니다. 그가 묻습니다. "안녕하세요. 그런데 이 돌멩이는 왜 넣고 다니세요?" 그제야 그녀는 코트 주머니에서 무겁고 뾰족한 돌덩이가 튀어나와 있음을 깨닫습니다. 돌덩이를 꺼내 멀리 던져버리고는 가벼워진 마음으로 다시 종종걸음을 옮깁니다.

그러다 한 아낙을 만납니다. 아낙이 묻습니다. "머리 위에 뭘 이고 다녀요?" 그제야 그녀는 다 썩어가는 호박이 내내 이마를 짓누르고 있었음을 깨닫고, 끌어내려 휙 던져버립니다. 몸과 마음이 훨씬 더 가벼워졌습니다. 머리도 더 맑아지고 기분도 더 좋아졌습니다.

그렇게 종종걸음으로 몇 걸음 더 가자니 다른 아낙이 다가와 묻습니다. "이봐요. 사방에 널린 게 모래인데 모래주머니는 왜 지고 다녀요?" 그제야 그녀는 등에 지고 있던 어마어마하게 큰 모래주머니를 깨닫습니다. 주머니를 찢어 흘러나온 모래로 길에 난 구멍을 메웁니다. 마음이 가볍고 해방감이 밀려옵니다 잠시 걸음을 멈추고 지는 해를 바라봅니다. 그러곤 바퀴 달린 여행 가방의 손잡이를 아래로 밀고, 너무 두꺼운 인조 모피 코트를 벗고, 트레이닝 밴드를 뜯어내고. 서류 가방과 노트북, 아령을 바닥에 내려놓습니다.

　마지막 햇살이 그녀에게 깨달음을 선사합니다. 그녀는 자신을 내려다봅니다. 다 헤진 밧줄로 묶은 거대한 맷돌이 그녀 목에 매달려 있습니다. 그녀는 미소를 짓습니다. 맞아요, 여태 이 맷돌 탓에 허리를 구부정하게 굽히며 종종걸음을 걸어왔던 겁니다. 맷돌을 풀어 아령 옆에 내려놓습니다. 그런 다음 춤이라도 추듯이 경쾌한 걸음으로 방향을 바꿔 걸어갑니다. 농부들이 왔던 그곳으로, 사람들에게로 돌아갑니다.

＊

》당신은 유부남이다. 결혼한 지도 꽤 되었다. 아내는 자기밖에 모르는 사람이다. 걸핏하면 거짓말을 하고 당신과 아이들보다 소셜 미디어를 더 중요하게 생각한다. 그래도 당신은 아내를 사랑한다. 아내가 잘못을 저지를 때마다 고치겠노라 약속하지만, 불안은 좀처럼 가시지 않는다. 어떻게 해야 할까? 헤어져야 할까? 이대로 살아야 할까?

처음 아내를 만났던 그 시절을 떠올려 보자. 세상에서 제일 특별하고 잘나가며 사랑스럽고 섹시한 여자를 만났으니, 잭팟이 터졌다고 생각했을까? 너무너무 행복했을까? 아다 당신은 제동이 풀려버린 자아 이상(Ich-ideal, 스스로 이상으로 삼은 자기 이미지를 가리키는 정신분석 개념—옮긴이)을 사랑한 듯하다. 어차피 당신 결정이다. 결혼을 유지하고 싶다면 기대치를 한참 낮춰야 한다.

아내가 바뀔 거라는 희망은 접어라. 아내가 약속을 지킬 거라고 믿지 말고, 자신을 향한 신뢰를 되찾아라. 당신이 좋아하는 일을 하면서 말이다. 다른 사람을 만나고, 친구를 만나고, 하고 싶은 일을 하라. 그것이 돌아갈 수 있는 최선의 길이다. 자신에게로 돌아갈 뿐 아니라, 느린 행복으로 돌아가는 길이다.

아내를 떠나고 싶다면 대가를 각오하라. 양육권을 두고 피터지는 싸움이 벌어질지도 모른다. 쉽지는 않겠지만 당신 곁을 지켜줄 사람들이 있다면 훨씬 수월할 것이다. 이혼 과정에서 필요할 때마다 당신과 아이들을 경제적으로 지원해 줄 사람들, 잠시 당신에게 잘 곳을 내주고, 다시 힘을 내고 한숨 돌릴 수 있게 도와줄 사람들이 있다면 말이다. 어쨌거나 환상을 버리고 현실을 끌어안아라.

》당신이 낮은 임금을 받고도 사회적 기업에서 일하는 이유는 당신과 마찬가지로 사명감에 불타는 다정한 동료들 때문이다. 그런데 동료들과 달리, 대표는 여간 깐깐하지 않다. 온종일 잔소리를 늘어놓으며 간섭하고, 당신이 최선을 다하고 있는데도 당신 업무에 불평을 늘어놓는다.

이메일, 문자, 보고서 등 대표와 소통한 내용을 따로 폴더를 만들어 저장해 두자. 그래야 나중에 대표가 거짓말하거나 부당하게 비난할 때 대응할 수 있고, 당신의 현실감각을 유지할 수 있다. 더불어 시간 날 때마다 다른 직장을 알아보자. 다정한 동료들이 마음에 걸린다고? 앞으로 돌아가서 다정과 억지 친절의 차이를 다시 한번 읽어보라. 회사의 공익성을 홍보할 때만 나오는 대표의 '다정한' 표정과 마찬가지로 동료들의 다정 또한 허상일 수 있다. 이런 환경에서 당신처럼 열심히 일하는 사람은 당신처럼 착취당할 것이다. 처벌이 겁나서, 쥐꼬리만 한 존중마저 잃게 될까 무서워서 '다정한' 직장 분위기는 가짜일 수 있다. 그 화기애애함이 당신을 제물로 삼고 있다면, 한참 전부터 집중이 안 되고 피곤하며 심지어 약간 우울하기도 했다면, 더는 참지 말아야 한다. 떠나야 할 시간이다.

》 당신이 친구에게 빌려준 돈이 어느덧 2000만 원이나 된다. 1년 전부터 당신은 그에게 돈을 돌려달라고 부탁, 아니 애걸복걸한다. 친구는 약속한다. 그래서 친구와 통화를 하거나 문자를 주고받으면 잠시 새 희망이 샘솟지만 얼마 못 가 다시 너무너무 불안해진다.

　돌려받을 수 있다는 희망을 접어라. 그 돈은 돌려받지 못한다. 친구는 확실히 이야기하지 않고 계속해서 다른 핑계를 찾을 것이므로 '개선' 가능성은 없다. 미적거리는 태도도 가스라이팅의 한 형태다. 뇌와 심장을 보호하고 건강을 지키고 싶다면, 관계를 끊어야 한다. 앞으로도 당신 인생은 당신과 남들에게 온갖 좋은 일들을 선물할 것이다. 당신이 넓은 마음으로 아량을 베풀 기회는 많다. 다만, 절대 당신의 존엄성을 희생해서는 안 된다.

⑦ 더 많이, 더 높이, 더 빨리, 더 새롭게

만족에 관하여

●

'더 많이'에는 더 적게,
'더 적게'에는 더 많이 집중하자.
'더 많이'는 결코 '충분'할 수 없다.

우리는 언제까지 계속해서
앞으로 나아갈 수 있을까?

:
:

볼 수도, 냄새를 맡을 수도 없다. 허공을 떠다니는 시대정신처럼 우리 눈에 보이지 않는다. 그러나 느낄 수 있다. 바로 불안이다. 한동안 제법 수굿하던 불안이 다시 고개를 치들고 앞으로 나선다. 어쩌면 당신은 월세가 오를지 불안해하거나 직장에서 잘릴지 걱정하고 있을지도 모른다. 지금까지 승승장구하던 친구가 갑자기 돈 걱정을 한다. 당신도 따라 걱정이다. "나도 저렇게 되면 어쩌지?" 반드시 그렇진 않겠지만, 그럴 수도 있다. 불안은 엄청난 방해꾼이다. 승진 기쁨을 망치는 수도관 파열과 비슷하다. 둘 다 당신의 행동반경을 근심으로 한정시킨다. 다만 수도관 파열이 구체적이라면 불안은 상당히 추상적이라는 점이 다를 뿐이다.

2020부터 '뉴 노멀'이라는 슬로건이 유행한다. 이 개념이 흥미로운 이유는 (심층 심리학의 관점에서 볼 때) 옛것을 멋들어지게 리메이크하고픈 무의식적 소망을 담고 있기 때문이다. 즉 불안의 정반대 말, 충분히 갖지 못했다는 당돌한 불만을 담고 있기 때문이다. "더 빨리, 더 멀리, 더 높이, 더 많이"만으로는 충분하지 않다.

지금은, 아니 지금이야말로 '새롭게'가 추가되어야 한다. 우리는 불안하다. 기후변화와 전쟁, 난민 물결의 결과가 두렵지만 어떻게든 안전하고 싶다. 이에 정치는 불확실성이 사라지고 경제가 성장하며 모두 다시 예전 같아졌다고, 아니 예전보다 더 낫다고 외쳐대며 새로운 디지털화 공세와 막대한 지원금으로 대응한다. 그런데도 불안이 여전하다면? 우리는 만족하게 될까?

아직은 멀었다. 불만이 똬리를 틀고 앉아 경쟁의 압박을 조장한다. 대기업들을 옭아맬 뿐 아니라 당신 삶에도 깊숙이 영향을 미치는 압박감이다. 힘이 바닥나 애벌레처럼 몸을 돌돌 말고서 소파에 누워 있고 싶을 때조차 이 압박감에서 벗어날 수 없다. 누구에게나 AI 스타트업을 일으키거나 두바이에서 큰 일을 해낼 가능성과 기회와 의지가 있는 건 아니다. 그런데도 우리는 심지어 명상 매트에 앉아서도 뒤처질지 모른다는 압박감에 시달린다. 돈을 잔뜩 번다고 해서 해결되지 않는다. 자신과 자신의 삶으로 무엇이든 만들어 내야 한다. 최대한 멋지고, 보여줄 수 있으며, 가치 있는 것을 만들어야 한다. 출세해야 하고, '더 나은 반쪽'을 찾아야 하고, 자식을 잘 키워야 하며, 날씬하고 건강한 몸을 가꿔야 하고, 의미 있는 활동을 해야 한다. 당신은 무엇이든 이뤄야 하고 얻어내야 하며 소유해야 한다. 그러나 그것이 무엇이든 이 시스템에서는 충분하지 못할 것이다. 당신은 결코 충분하지 못할 것이다.

'충분하지 못하다'는 불만은 불안의 쌍쌍둥이다. 하나가 다른 하나를 불러오고, 둘 다 더 많은 걸 바란다. 더 많은 안전, 더 많은 돈, 더 많은 사랑, 더 많은 인정을. '더 많이'는 결코 '충분'할 수 없다. 당신이 배우자에게 더 많은 사랑을 바란다면, 당신이 원하는 건 이미 명확하다. 지금보다 더 많은 사랑이다. 하지만 배우자가 인간인 이상, 당신한테 확실하게 더 많이 줄 수는 없다. 그는 (인간으로서) 사이사이 실패할 것이다. 당신에게 충분한 키스와 충분한 포옹을, 혹은 당신이 항상 '더 많은 사랑'과 연결 짓는 그 무엇도 채워주지 못할 것이다. 당신은 절대로 '더 많은 것'이라는 목표, 즉 절대적인 것에 이르지 못한다. 그것은

'꿈의 배' 같은 환상이다. 절대적인 건 과도하고 극단적이다. 당신은 충분히 지성적이기에 그것을 의식적으로 찾아다니지는 않는다. 그러나 무의식적으로는 그것을 찾아 헤맨다. 반드시 가져야 한다고 믿기 때문이다.

※

이런 과도함은 수천 년 전부터 인류 문화의 특징이었다. 그리스 철학자들은 이를 '탐욕Pleonexia'이라 일컬었다(고대 그리스어로 pleon은 '더 많은', echein은 '소유하다'라는 뜻). 반면 아리스토텔레스가 '중용mesotes'이라 일컬은 미덕, 예를 들면 사치와 인색, 과대망상과 자기비하 사이 균형에 인류는 지금까지도 도달하지 못했다. 3,000년의 세월도 우리에게 중용을 선물하지는 못한 셈이다. 오히려 그 어느 때보다도 올바르게 질문하는 법을 잊어버린 듯하다.

- 왜 '충분'은 결코 충분하지 않을까?
- 정말로 내게 부족한 건 무엇일까?
- 모든 것을 (안전과 사랑과 성공을) 얻는다면 어떻게 될까?
- 절대적인 것이 행복을 줄 수 있을까?

올바른 질문을 잊는 것은 우리 자신이기를 잊는 것이다. 예를 들어 당신이 1미터 72센티미터 키에 마흔아홉 살인 남성이고 배가 약간 나왔다고 가정해 보자. 사실 당신은 키, 나이, 몸무게에 만족한다. 그런데도 마음 어딘가에서 불평이 끊이지 않는다. 충분히 크지 않고, 날씬하지 않으며, 젊지 않다고 우겨대는 목소리다. 그것으로도 모자라 불평은 계속된다. 당신이 충분한 능력을 갖추지 못했고, 충분히 재빠르지 못하며, 충분히 공감하지 못한다고 불평한다.

지그문트 프로이트Sigmund Freud가 이 말을 들었다면 아마 당신에게 그렇게 말하는 건 당신의 '자아 이상Ich-Ideal'이라고 설명할 것이다. "유년기 잃어버린 나르시시즘의 대체물로서" 모든 인간이 "자신의 이상으로 삼아 남몰래 투사하면서" 비교 대상으로 삼으려 하는 무의식적 모델이라고 말이다. 자아 이상은 과대망상에 빠진 아이처럼 홀만의 세계 챔피언이다. 중용의 도를 비웃는 나르시시스트 괴물이다. 그것의 탐심은 제동이 걸리지 않는다. 그것은 당신에게 초인적 힘을 내어 자기가 시키는 대로 하라고 명령한다. 미학적으로도 영적으로도 정신적으로도, 당신과 당신 삶에서 모든 것을 만들어 내라고 명령한다. 하지만 과연 그게 무엇일까?

자아 이상은 환상이다. 그것은 당신을 속여 당신이 충분하지 않으며, 앞으로도 절대 충분해질 수 없다고 믿게 만든다. 외모건 내면이건, 승진했건 월세가 밀렸건 상관없다. 그 목소리는 늘 새로운 이유를 들이대며 당신이 불안하다고 속삭인다. 당신은 이상에 비해 열등하다고 느끼며, 당신 자신이 된다는 것이 무엇인지를 까먹는다. 당신 자신이 된다는 것은 행복하다는 뜻이다. 좋다는, 충분히 좋다는 뜻이다.

프로이트가 처음으로 자아 이상을 주장한 이후, 우리는 제2차 세계대전과 냉전, 오일쇼크와 경제 위기, 그리고 몇 차례의 '뉴 노멀'을 겪었다. 1914년에서 2023년 사이 어딘가에서 이상은 자아의 새장을 탈출했다. 이제 이상은 더는 개인 무의식 속에 머무르지 않는다. 그것은 공개적으로, 사회의 한가운데로 퍼져 나간다. 게다가 어디서나 인정받는 규범으로서, 정상이라 여기는 것의 표준으로서 말이다.

사회학자 안드레아스 레크비츠Andreas Reckwitz와 하르트무트 로자Hartmut Rosa의 설명처럼 오늘날 불안과 불만은 자신이어서는 안 되는 '자아'를 만성적으로 '혹사'시키는 동력이다. 자아는 절대 약해지거나 움츠러들거나 평균 이하로 떨어져서는 안 된다. 늘 자신과 삶으로 무언가를 만들어 내야 하며, 더 많이 사랑받고 더 크게 성공하며 더 뛰어난 회복력을 지닌, 그 이상이 되어야 하기 때문이다. 그때그때의 자아 자신을 넘어선, 절대적 자아가 되어야 한다.

- 경제가 성장해야 한다!
- 뒤떨어져서는 안 된다!
- 너 자신이 성장해야 한다!
- 그렇지만 어디로?

자아 이상은 불안의 숨은 동력이다. 그것은 당신을 행복과 선으로부터 멀어지게 만든다. 활기찬 '함께'에서 끌어내 혹독한 환상으로 데려간다. 당신이 (무의식적으로) 그것에 적응하려 애쓸 때마다 불안은 자라고, 그사이 당신은 선을 잊는다. 그러나 선은 늘 충분하다. 무엇보다 당신 손안에 있으므로 실재한다. 선은 지금 애쓴다. 우리가 자유롭게 생각하고 느끼며 행동할 수 있고 활기차다고 느낄 그런 미래를 당신이, 내가, 우리 모두가 맞이하게끔 애쓰고 있다.

불안은 불필요하다. 필요한 것은, 당신이 자유로운 인간으로서 진짜 감정과 기질과 능력을 펼치는 것이다. 모든 것에는 끝이 있다. '더 많이' 역시, 아니 그것이야말로 끝이 있다. 그 끝에는 죽음이 기다린다. 죽음은 절대성의 환상을 직면하는 가장 정직하고 유용한 기준이다. 영원한 성장, 쉼 없는 성공, 끝없는 사랑은 당신 손에 있지 않다. 당신이 될 수 있는 것보다 더 나아지려는 노력은 자신을 잃게 만든다. 성장하는 것은 나르시시즘뿐이다. 인간성은 수포로 돌아간다. 자신과 자기 삶으로 만들어 내는 무언가는 좋고 행복하며 의미 있는 실존의 형성과 관련 있어야 한다.

더 적게도 아니지만, 더 많게도 아니다. 10분 전에 해고당했거나 큰 병 진단을 받았다면 더 할 수 있는 일은 없다. 아무것도 바꿀 수 없고, (지금) 바꿀 수 없는 것을 개선할 수는 더더욱 없다. 어떤 인간도 그걸 할 수는 없다. 당신의 영향권 밖에 있는 외부 상황과 관련된 일이기 때문이다.

- 지금 나는 타인을 위해 얼마나 선행을 베풀 수 있을까?
- 세상사에 내가 거들 수 있는 여지는 얼마나 적은가?

고대 스토아학파는 불안과 불만을 대하는 가장 유익한 깨우침을 이미 얻었다. 당신 능력과 가능성 밖에 있는 건 무엇이

든 결국 아무 상관이 없다는 깨달음이다. 외부 사건에는 신경 쓰지 않는 게 좋다. 외부 사건이 당신에게 무심하니, 당신도 그것에 무심해야 마땅하다. 스토아학파의 철학자들에게는 (고장 난 세탁기부터 죽음에 이르기까지) 가장 작은 악과 가장 큰 악에 대한 무관심이 지혜의 가장 확실한 증거였다. 지금 혹은 앞으로도 쭉 자신의 영향권 바깥에 무심할 때만('두심하게'라는 자신의 가치판단을 제외하고) 당신은 만사를 실제 모습대로 볼 수 있다. 그래야만 주관적 불만의 망루에서 내려와 지상의 일을 우주적 관점에서 정돈하는 객관적이고 포괄적인 시야를 얻게 된다. 우주에서 보면 모든 건설 현장, 온갖 문제, 모든 충격은 작은 점 하나로 축소된다.

반면 스토아학파 철학자들은 뇌와 심장에서 나오는 인간성 행위가 온 태양계로 자라나 세상을 행복으로 가득 채울 수 있다고 믿었다. 따뜻한 몸짓 하나, 정직한 도움, 뜻밖의 경제적 지원 등, 아무리 역경이 닥쳐도, 아니 역경이 닥쳤기에 그 무언가는 항상 가능하다.

단 한 번도 도달해 본 적 없는 중용을 찾아서

∶

변치 않는 것, '받아들일 수 없는 것'을 받아들이는 일이 자신을 잃지 않는 최고 방법이다. 무엇이었건, 무엇이건, 무엇이 될 것이건 자신으로 남는 방법이다. 죽음마저 좋은 점(불만을 끝낸다는 점)이 있다는 사실을 잊지 않고 살아간다면 당신 마음엔 변화가 일어난다. 온기가 돌아오고, 불안을 없애려면 무엇이 필요한지 아주 또렷이 보게 될 것이다. 불안을 없애려면 자신의 자유를 책임감 있게 써야 한다. 끝없는 경제 성장이건 끝없는 자기 최적화이건, 둘 다 자연과 정의, 인간성 자체를 희생시킨다. 당신의 책임은 자유의 결과가 아니라 자유의 기초여야 한다. 자신의 (느린) 행복에 책임감을 느끼는 순간, 당신은 타인을 책임질 자유를 얻는다. 자기 능력에 맞춰 타인을 지원하고, 그들 곁을 지키며 그들의 말을 경청할 자유 말이다. 그런 순간에는 더는 불안하지 않다. 당신은 충분히 가졌고, 당신은 충분하다. 충분히 선하며, 충분히 행복하다. 어떤 상황에서도.

자신에게 진정으로 공감하는 마음도 필요하다. 아침 6시에서 저녁 8시까지(혹은 그 이상으로) 불충분하다는 불만에 젖어 있다면 당신 기분은 '피곤'과 '스트레스'와 '짜증'이라는 기본 레퍼토리를 벗어나지 못한다. "더 버텨라. 더 회복탄력성을 가져라." 당신의 자아 이상이 그렇게 외친다. 그러나 그 말은 힘들고 불안한 시대를 어떻게든 견뎌낼 뿐 아니라, 제발 더 강해지라는 뜻이다. 그게 잘될 리 없다. 타인에게 선하려면 먼저 자신에게 선해야 한다. 지금 당신이자 앞으로도 당신일 불완전하고 연약한 인간에게 느끼는 책임감 있는 공감이 '더 많이'의 종말이자 내적 변화의 시작일 터이다.

※

》 당신은 요즘 새 직장을 찾느라 너무 힘들다. 필요한 서류와 면접도 준비해야 하고, 틈틈이 집안일까지 해내야 하니, 하루하루 지쳐간다.

자아 이상을 버려라. 아주 간단하다. 자신으로 관심을 돌려 보자. 몸의 각 부분, 팔과 다리, 발과 손바닥, 이마와 목을 느껴 보려 노력하자. 그것이 당신의 목, 당신의 이마, 당신의 입술이 라는 사실을 의식하고 이 부위마다 생명, 즉 당신의 온기가 깃 들어 있음을 명심하자. 의식적으로 느낀 생명력과 자유가, 특 히 당신이 완전히 지쳤을 때 점점 더 많은 것을 요구하는 무의 식적 자아 이상의 입을 틀어막아 줄 것이다. 많아도 너무 많은 것을 요구하기에 자아 이상은 당신의 숨통을 조인다. 자신이 될 수 있으려면 꼭 필요한 마음의 공간을 빼앗는다. 자신의 몸 속에서 사는 법을 다시 배워서 이 공간을 되찾자.

이 순간 당신의 어깨와 목에 집중하면 자동으로 당신이 까 맣게 잊고 있던 것이 떠오른다. 바로 당신이 존재한다는 사실 이다. 당신이 숨을 들이쉬고 내쉬며, 중요한 것을 모조리 자기 안에 담은 인간이라는 사실 말이다. 인간성과 온기를 담은 인 간이라는 사실 말이다. 대기실에서 혹은 신호등 앞에서 기다리 는 동안 자기 몸을 느껴보자. "충분히 빠르지 않다"고 채근하는 내면 목소리에 귀 기울이지 말고, 왼쪽 무릎을 떠올리는 데 그 시간을 투자해 보자. 그 신체 부위에 약간의 연민을 선사해 보 자. 그것으로 온전히 충분하다. 뭘 더 기대하는가?

》 일흔을 넘긴 부모님은 늘 당신이 다 가졌으니 감사할 줄 알아야 한다고 야단치신다. 그러나 당신도 인정하다시피, 매사에 감사하기란 쉽지 않다. 아니, 감사는커녕 당신은 매사에 불만이 가득하다.

부모님 세대는 불안이 무엇인지 너무나 잘 안다. 그러나 위기조차 언젠가는 해결되며, 세상에 영원한 건 없음을 몸소 경험했다. 따라서 스토아학파의 철학자처럼 세상사를 무심하게 대하는 법을 이미 익힌 분들이다. 그들을 모범으로 삼자. '더 많이'에는 더 적게, '더 적게'에는 더 많이 집중하자.

당장 세상만사에 감사하겠다고 호들갑 떨 필요는 없다. 그저 당연하다고 여겼던 것들에 먼저 감사해 보자. 그것만 해도 엄청나게 많을 테니 말이다. 수도꼭지에서 흘러나오는 물, 아직은 괜찮은 시력, 온전한 두 다리……. 감사는 당신이 가진 자유가 얼마나 많은지를 알려주는 의식이다. 텅 빈 마음의 곳간을 온기로 채우는 의식이다. 당신은 당연하다고 '정상'이라고 생각했으나, 수많은 다른 이들에게는 없는 것이 얼마나 많은지 깨닫는다면 불만을 느낄 이유가 거의 없어진다. 대신 선하고 행복해질 기회는 더 늘어난다.

》 당신은 온갖 직업을 전전하며, 온갖 능력 개발 프로그램을 이수했다. 당신은 유연한 팀 플레이어이고 메타 인지가 뛰어나며 다섯 가지 소프트웨어 프로그램을 동시에 다룰 수 있다. 하지만 한 번도 진정으로 인정을 받아본 적 없다. 그러다 보니 '나 자신을 무언가로 만들어 보겠다'는 열정은 이미 사라진 지 오래다.

당신이 인정을 대단한 보상과 칭찬이나 감탄으로 생각한다면 그럴 터이다. 그런 식의 인정은 철학의 관점에서 보면 에고를 어루만지는 특별 선물이지만, 누구나 받을 수 있는 선물은 아니다(모두가 받을 권리가 있는 건 더더욱 아니다).

진실로 중요한 것은 책임감 있는 인간으로 인정받는 것이다. 누군가 당신을 있는 그대로 놔둔다면 그는 당신에게서 최고의 결과를 끌어낸다. 바로 선할 수 있는 능력을 끌어낼 것이다. 보통은 친구나 사랑하는 배우자가 그렇게 해주는 사람이다. 친구도 배우자도 없다면 스토아철학이 또 하나의 선택지다.

에고 관점을 부수고 자신을 우주의 한 조각으로 생각하자. 당신은 우주의 먼지 한 톨에 불과하지만, 한두 사람, 혹은 그 이상의 사람들에게 엄청난 선을 행할 수 있다. 이제 더는 '자신을 무언가로 만들고' 싶지 않은가? 그래도 괜찮다. 꼭 그래야 하는 건 아니다. 당신에게는 책임감 있는 자유로 무언가 만들어 갈 능력이 있다. 당신은 타인을 위해 그의 곁에 있어 줄 수 있다. 그것이면 충분하다. 그것이면 항상 충분하다.

불안을 잊을 때 당신은 세상 제일의 유연한 팀 플레이어가 된다. 세상 어딘가에는 항상 누군가가 기다리고 있음을 알기 때문이다. 당신이 인간이기에 당신을 인정하는 한 사람이 기다리고 있음을 알기 때문이다.

메소테스 :
냉기와 열기에 치우침 없는 '온기'의 미덕

온기는 호흡처럼 인간의 일부이다. 우리는 엄마 뱃속에서 처음 온기를 경험한다. 세상에 태어나 누군가 우리를 엄마 배 위에 올려놓으면, 따뜻한 엄마 피부를 느끼고 엄마 냄새를 맡는다. 햇빛이 없다면 인간이라는 종은 존재하지 못한다. 조상들이 불을 발견하지 않았다면 인간의 문화, 문명, 공존도 없었을 것이다. 온기는 생존을 위해 실존적으로 중요할 뿐 아니라, 새롭게 시작하는 오늘을 열정과 희망으로 출발하기 위해서도 꼭 필요하다.

인간의 체온이 있는 곳에서는 어떤 혼란도 헤쳐 나가는 관계가 탄생한다. 온기는 소외와 무관심을 넘어선다. 온기는 차가운 세상에서도 아늑함을 전한다. 인간의 에너지를 느끼지 못하는 사람은 고단한 일상을 견디기 힘들다. 고독한 사람은 추위에 떤다. 사람에게서 받은 냉기는 세상 그 어떤 담요로도 데울 수 없다. 그러나 누군가 힘껏 안아주면 얼어 있던 마음도 금방 녹아 따스해진다. 그런 인간의 온기를 향한 갈망은 죽을 때까지 우리를 떠나지 않는다. 심지어 아무것도 기억하지 못하는 중증 치매 환자도 따뜻한 신체 접촉에는 '화답'한다.

그리스 철학자 헤라클레이토스Heracleitos는 온기와 냉기를 불변하는 대립물로 보지 않았다. 서로 흘러가며 합쳐지고 갈라지는 물결이라 생각했다. 밤에 낮이 필요하듯, 냉기에는 온기가 필요하다. 인간의 삶은 자연의 흐름에 통합된다. 당신이 함께 만든 온기는 인간 삶을 풍요롭게 한다. 추위에 떠는 사람에게 남은 온기를 나누면 사회적 온기가 탄생한다. 열역학이나 열 이론을 몰라도 좋다. 그래도 당신은 한 사람에게 지금 당신의 불길과 공감과 접촉이 필요한 이유를 이해할 수 있다. 내면이 아무 문제 없이 저 역할을 다하기만 해도 충분하다.

- 따뜻한 마음이 없으면 선행도 없다.
- 따뜻한 마음이 없으면 냉철한 생각도 없다.
- 따뜻한 마음이 없으면 행복한 삶도 없다.

따뜻한 마음과 차가운 마음을 잘 조절하는 것도 평범한 선의 중요한 부분이다.

온기는 거리를 줄인다

'둥지의 온기'란 알을 키워 부화시킬 최소의 온도를 말한다. 그런 친밀하고 가까운 둥지를 우리는 어디서나 지을 수 있다. 온기는 집 안에서, 대화에서, 모르는 사람에게서 흘러나온다. 어떤 사람을 처음 봤는데 이유 없이 '가깝다'는 느낌이 든다. 문득 다 잘될 것 같은 기분 좋은 느낌이 든다. 평소 내성적이고 매사에 노심초사하는 동료에게 당신이 온기를 전한다. 그가 이마를 찌푸릴 때, 당신은 이유를 묻지 않은 채 슬쩍 다가가 다정하게 어깨를 톡톡 두드린다. 그것으로 당신과 그의 거리는 단숨에 사라진다. 딱 2초, 그 2초면 충분하다. 온정의 강물이 흘러간다.

인간의 온정이 넘치는 곳은 어디로 가야 할지, 어디 소속인지 (더는) 모르는 모든 이에게 '집'이 된다. 타국에서 사는 이민자들, 심리적으로 불안하거나 아주 예민한 사람들, 성공 압박에 힘든 사람들에게 집이 된다. 무엇이 사람 마음을 움직이는지, 우리는 알 수 없다. 당신 마음에서 어떤 싸움이 벌어지고 있는지, 누구도 알 수 있다. 당신은 당신이고 나는 나다. 온기는 이 '나'들 사이의 거리를 단축해 모두가 따뜻할 둥지를 짓는다. 각자가 다르더라도 모두가 자기 자신이 되어도 좋은 공동체를 만든다.

온기는 공간을 제공한다

온기는 몸과 마음으로 느끼는 감정이며, 새로운 생각을 자극하는 감정이다. 작은 오두막이 있던 자리에 큰 궁전이 생겨나, 누구든 그곳에서 마음껏 숨 쉬고 느끼고 웃을 수 있다. 온기는 나와 너를 하나로 묶는 공간이며, 굳은 몸과 마음에 다시 생명을 선사한다. 누군가 당신을 따뜻한 눈길로 바라보면서 냉철하고 객관적으로 진지한 사안을 의논한다면, 그는 무조건 당신을 진지하게 대할 것이며 어떤 일이 있어도 당신이 어떤 반응을 보여도 당신을 존중하리라는 확신이 든다. 당신이 느낀 온기는 선입견과 두려움이 흐려놓은 생각을 맑게 정화한다. 이제 온갖 방어 전략을 짜느라 머리를 쥐어뜯지 않아도 된다.

상상의 요새를 허물고 생각이 다른 사람, 정반대인 사람에게도 마음을 활짝 연다. 인간으로서 인정받는다고 느끼기에 각자의 방식으로 자신을 표현할 수 있다. 온기의 궁전에서 몸과 마음과 정신은 하나가 된다. 궁전의 구석 창고까지도 인간성이 퍼져 나간다. 절대 마르지 않는 물줄기가 제일 꼭대기 층에서 지하실까지 흘러 내려가 다른 온기의 물줄기와 합쳐지고, 다시 쉬지 않고 방향을 바꾸며 흘러간다. 당신은 그 물줄기의 원천이 될 수 있다. 물론 그러자면 먼저 자신을 향한 따뜻한 공감을 충분히 비축해야 한다. 자신을 사랑과 염려로 보살피면 마음속 난로는 절대 꺼지지 않는다. 그래서 신경이 곤두서거나 불안한 상태에서도 지극히 평범한 악수를 나눌 수 있다. 타인의 손을 마주 잡은 손은 추위를 막아주는 가장 훌륭한 피난처가 된다.

온기는 실재한다

디지털 시대는 가짜 뉴스와 가짜 인간을 낳았다. 가짜 온기는 피상적 사회의 산물이다. 가짜 온기는 (정해진 목표 집단에) 따뜻한 척하는 냉기다. 진짜 온기는 '척'하지 않으며, 사람을 구분하지 않는다. 할 일이 너무 많아 정신이 없는데도 걸음을 멈추고 상대의 말에 귀 기울이는 여성, 동생의 속도에 맞춰 일부러 천천히 걷는 아이, 오래전에 다투고 헤어졌지만 오랜만에 만난 친구를 반갑게 포옹하는 남자, 그들 마음에는 온기가 담겨 있다.

온기는 대부분 아날로그 인간에게서 오지만 영상통화로도

마음의 온기를 전할 수 있다 특히 (할머니처럼) 오랫동안 아날로그로 잘 알고 지낸 사이라면 더욱 그렇다. 만남은 줌 형식으로도 가능하지만, 디지털은 차가운 느낌의 부작용이 있다. 알고리즘은 데이터 흐름을 특정할 뿐, 에너지 흐름을 조절하지 못한다. 비트와 바이트는 스마트폰 화면만큼이나 차갑다. 그치지 않는 소셜 미디어의 자기 조명만큼이나 차갑다. 우리에게 부족한 건 신체적 친밀함과 온기다.

디지털 공간에서는 사람을 볼 수 있어도 만질 수 없다. 터치할 수 없다. 월요일부터 일요일까지 성공과 생활과 생존을 위해 발버둥 치는 모든 이에게 당신 손길이 필요하다. 악수하고 어깨를 두드려 주는 것, 그 평범한 몸짓의 놀라운 효과를 우리는 너무 쉽게 무시한다.

온기는 신뢰를 쌓는다

온기는 다양한 사람을 하나로 묶는다. 차이를 신뢰가 넘치며 포퓰리즘에 반대하는 '우리'로 바꿔주는 '사이 공간'에서. 모든 인간에겐 남에게 보여주고 싶은 강한 면과 숨기고 싶은 약한 면이 있다. 자신의 상실과 결핍, 결점과 무능을 진심으로 인정하기란 쉽지 않다. 실업급여를 신청하러 고용센터에 가서 자기 차례를 기다리고 복잡한 절차를 속수무책으로 따를 때, 자신의 약점을 인정하기가 힘들다. 그곳에서 함께 기다리는 사람에게서 공감을 만나면, 문득 신뢰의 이유를 느끼게 된다. 지금 누군가가 서류와 양식을 처리해 줄 거라는 믿음을 넘어서, 센터를 나선 이후에도 인간의 온기를 선사해 줄 사람들이 있을 거라는 믿음 말이다.

온기는 계약이 필요 없다. 온기는 타인의 선의와 선행을 믿고 겉모습 너머의 모습을 보며, 자신의 약점을 타인은 물론 자신에게도 허용할 수 있게 해준다. 그래서 철학자 아네트 바이어Annette Baier는 신뢰를 "받아들인 연약함"이라 일컫는다.

온기는 회복탄력성을 높인다

오후가 되니 기운이 빠지고 자신감도 떨어진다. 금방이라도 울음이 터질 것만 같다. 저녁에 친구를 만나 이런저런 이야기를 나누고, 농담을 주고받으며 추억에 젖고 맛난 음식을 함께 먹는다. 이튿날 아침, 실내화에 걸려 넘어질 뻔하지만, 이번엔 그냥 웃어넘긴다. 변화는 어디서 온 걸까? 아주 간단하다. 당신은 온기를 채울 수 있었다. 세 시간 동안 당신 심장에 '따뜻하게' 불을 지펴준 건 친구의 심장이었다.

온기는 힘을 주고 스트레스를 견딜 에너지를, 윤리적 회복탄력성을 선사한다. 윤리적 회복탄력성이란 외부 상황에 크게 흔들리지 않는 힘을 뜻한다. 그리고 의미 있는 곳이라면 어디서나 자발적으로 선행을 한다는 뜻이다. 윤리적 회복탄력성이 높은 사람들이 당신에게 선사한 에너지는 다시 어딘가로 전달된다. 온기는 사람에게서 사람으로 순환하며, 이타심과 자기애 사이뿐 아니라 정신과 영혼 사이를 끝없이 오간다.

진짜 온기를 주고받으면 세상만사가 훨씬 더 또렷하게 보인다. 애쓰지 않아도 정말로 중요한 것에 생각의 초점이 맞춰진다. 이 세상에 정말로 없는 것, 당신과 우리가 바라는 것, 바로 지극히 평범한 선이다. 그러므로 윤리적 회복탄력성은 기업이나 국가 또는 무기 시스템의 회복탄력성보다 훨씬 중요하다. 선하고 행복하며 의미 있는 삶, 온기로 가득한 삶은 바로 윤리적 회복탄력성에 달려 있다.

3부

우리는 무력해도,
생각보다 용감하다

⑧ 소유인가 존재인가
미니멀리즘에 관하여

훌륭한 스타일이란 태도를 드러내는 것,
바로 삶의 모순과 역설 속에서
우주를 창조하려는 노력이다.

인생을 대차대조표로
정리할 수 있을까?

:

인생은 균형 잡힌 대차대조표를 알지 못한다. 플러스가 있으면 마이너스가 있고 다시 플러스가 따라온다. 이겼다 싶다가 금방 다시 지기도 한다. 살다 보면 언젠가 자신의 실존을 시험대에 올리고 자문하게 되는 시점이 온다. 그 무엇도 지금 이대로 남지 않는다면 느린 행복으로 가는 최선의 길은 무엇일까? 선하고 의미 있는 삶으로 가는 최선의 길은 무엇일까?

　이는 곧 삶의 '스타일'에 대한 질문이기도 하다. 동서양을 막론하고 철학자들은 이미 수천 년 전부터 몸과 정신, 영혼을 닦으라고 권했다. 지금 이대로 남는 것은 없을지라도 실천은 언제 어디서나 통한다. 실천은 모든 존재를 살아 있게 만든다.

역기를 자주 들면 근육이 생기듯, 윤리를 꾸준히 실천하면 당신이 세상에 가져다줄 선도 늘어난다.

당신이 어떻게 살아갈지는 누구도 정해줄 수 없다. 그것은 당신의 결정이다. 그러나 자신의 선택을 외부 상황과 연결 지으면 가능성은 한정되고 만다. 저택에 살며 수영장에 앉아 샴페인을 홀짝대려면 그럴 만한 돈이 필요하다. '어떻게'를 저택, 자동차, 직장, 자녀 수, 친구, 인맥과 연결 지으면 소유를 지향하게 된다. 만사를 소유물로 바라본다. 물건은 물론 사람마저도 갖고 싶은, 또는 원하는 대로 살려면 가져야만 하는 소비재로 여긴다. 그래서 갖고 싶고 가져야 하는 것을 얻지 못하면, 정신없이 일에 몰두하거나 오히려 무기력에 빠진다. 자기 일이 아니라면 상관없다고 여겨, 타인의 일에는 아무런 책임감을 느끼지 않게 된다.

반대로 존재를 지향한다면, 당신은 마음의 나침반을 인지 능력과 정서 능력에 맞출 것이다. 삶이란 무릇 타인과 연결되어 있으므로 존재란 본질적으로 '관계 맺기'라는 사실을 깨닫는다. 그리고 에리히 프롬Erich Fromm이 그의 고전《소유냐 존재냐》에서 말했듯, 타인과 하나 되어 고립을 이겨내고픈 '타고난 욕망'을 따를 것이다. (스트리밍 서비스건 친구 추천이건, 사랑의 증거이건) 소유하고 소비하지 않으며, 한 푼도 안 들고, 지속 가능하며 이산화탄소를 배출하지 않는 것, 즉 윤리적 재화를 만들어 낼 것이다.

이때 실천이 큰 역할을 맡는다. 당신이 날마다 자발적으로 남들에게 무언가(참여, 지식, 인내, 용기)를 내어준다면, 그들은 인생의 온갖 굴곡을 무사히 헤쳐 나갈 수 있을 것이다. 그렇게 인간성의 생산자가 되면 그만큼 무기력도 떨어져 나간다.

※

소유와 존재는 삶의 '스타일'이다. 어떤 사회에나 누구에게나 열려 있다. 자본주의 시스템은 최대화 논리를 따르는 소유 사회를 만들어 낸다. 의심 없이 거기 적응하면 남에게 보여주기 위한 대상, 절대로 충분히 가질 수 없는 대상에 목을 매게 된다. 반대로 존재 모드를 선택하면 최소 원칙을 따른다. 당신은 스스로가 실천하는 사람, 끊임없이 배우고 성장하며 나누는 사람이라 생각한다. 날이 갈수록 타고난 본연의 모습에 가까워진다. 자유롭고 활기찬 사람, 소유하려 애쓰지 않고도 기뻐할 수 있는 사람이 된다. 기꺼이 나누고 베풀며, 함께 연대와 책임을 한껏 누리는 것이 바로 당신 삶의 '스타일'이다.

소유 모드 = 최대화 논리

- 삶은 고달프다 → 결과 지향적
- 삶은 생존이며, 더 나은 삶, 더더 나은 삶이다.
- 삶은 조건에 묶여 있다.
- 종속과 무기력

존재 모드 = 최소 원칙

- 삶은 실천이요 성장이며 기쁨이다 → 과정 지향적
- 삶은 생산적이고 창의적이다.
- 삶은 지금이다.
- 자유, 자신이 전권을 갖는다.

가장 바람직한 존재 모드 가운데 하나가 스토아철학의 라이프스타일이다. 스토아철학은 당신이 '어떻게 살고 싶은가'에는 관심이 없다. 그보다는 '인간으로서 어떻게 살아야 하는가'를 더 중요시한다. 불교와 도교가 그러하듯 스토아철학의 라이프스타일 또한 평범한 훈련(극기), 의식, 명상으로 이루어진다. 그것으로 하루를 짜임새 있게 구성하고 삶에 리듬을 부여하며, 단순한 인지 학습을 넘어 내면의 풍요를 키운다. 다음에 소개하는 윤리 실천 방법은 고대의 스토아 철학자들에게서 영감을 받은 것이다. 프랑스 철학자 피에르 아도Pierre Hadot와 미셸 푸코Michel Paul Foucault도 이 주제를 다룬 바 있다. 각각의 길은 모두 인간이 되는 것, 인간답게 살아가는 것을 목표로 삼는다.

기억하기: 나를 되찾기 위해서

하루를 마치는 시간이 되면 오늘 경험한 일, 실천한 일, 생각하고 느낀 것을 요약 정리해 보자. 글로 적는 것이 가장 좋다. 무엇이 좋았고 나빴는가? 무엇이 정말로 중요했고, 무엇이 그저 중요해 보였을 뿐이었나? 어떤 일이 기억나고 어떤 일은 가물거리는가? 아침에 무엇을 먹었는지 기억나는가? 돌이켜보며 자기 행동과 반응을 검토하고, 내일은 무엇을 바꾸고 싶은지 고민해 보자. 혹은 시 구절을 몇 개 외우거나 프레젠테이션 내용을 암기해 보자.

귀 기울여 듣기: 내 독단과 편견을 잠재우기 위해서

미팅이건 토크쇼건 식탁에서건, 다른 사람이 말할 때는 그의 말을 자르고 끼어들고픈 충동을 자제하자. 입을 다물고 귀 기울이면서 상대의 논리를 따라가고, 그의 말에 공감해 보자.

배우기: 나를 이해하고 지평을 넓히고 용감해지기 위해서

중요하지 않다고 생각하거나 싫어서 평소에는 하지 않던 일을 자발적으로 나서서 하는 습관을 들여보자. 예를 들어 더 많이 읽고 쓴다. 팟캐스트를 듣는 대신 시사 잡지를 읽는다. 디지털 비서를 쓰지 말고, 하고픈 말을 직접 손으로 적는다. 자기 의견을 정중히 전달하고 예의 바르게 표현하려 노력한다. 인간관계에서도 마찬가지다. 혼자 있고 싶어도 사람들을 만나고, 사람들과 함께 있고 싶어도 혼자 있어 본다.

살기: 삶의 소중함을 날마다 떠올리기 위해서

독감에 걸려 누워 있을 때마다, 독감을 부드러운 경고의 목소리로 생각하자. 당신은 연약한 몸을 가졌을 뿐 아니라 무엇보다 당신이 그 몸이기도 하다는 사실을 잊지 말자. 당신은 살아 있고, 언젠가는 죽는 뇌와 심장을 지닌 몸이다. 아침에 일어나기 전에 하루 일정을 그려보자. 오늘 하루가 계절의 순환과 같다고 상상하면, 아침에는 지저귀는 새소리를 들으며 집을 나서고 저녁에는 눈보라를 뚫고 돌아올 것이다. 혹은 하루가 일평생이어서 아침에 아기로 출근했다가 저녁에 노인이 되어 집으로 돌아온다고 상상하면 어떨까?

스토아철학의 라이프스타일은 지금 여기에서만 존재한다. 적극적이고 생산적인 존재는 현재가 아니면 그 어디에도 '있지' 않다. 과거나 미래, 아직 가지지 않았거나 더는 가지지 못하는 것에만 늘 매달리는 소유 모드와는 정반대다. 외부 상황에 좌우되는 행복은 진정한 행복이 아니다. 지속적이고 느린 행복은 더더욱 아니다.

※

느린 행복은 스토아철학의 아레테arete(사람이나 사물이 갖춘 탁월한 미덕. 좁은 뜻으로는 인간의 도덕적 탁월성을 이른다—옮긴이)와 하나일뿐더러, 이는 선과도 동일하다. 이 관점에서 보면 최소 원칙에 따라 사는 아레테보다 더 숭고한 '선'은 없다. 그 누구도 '선하게' 태어나지 않는다. 하지만 누구나 정직과 공정, 아량과 사유를 훈련하며 키울 수 있다. 미국 철학자 줄리아 안나스Julia Annas의 말대로 아레테는 춤 솜씨나 레슬링 실력과 다르지 않은 '윤리적 기술'이다.

당신의 라이프스타일은 당신의 선택이다. 매일 당신은 잠깐 스쳐 지나가는 기쁨과 절망의 감정에 흔들릴 수 있다. "나는 어떻게 살고 싶은가?" 이렇게 물으며 소유에 집착할 수 있다. 아레테를 어떤 아이디어나 문제처럼 '가지려' 하거나 '소유할' 수도 있다. 아날로그와 디지털로 겉모습을 홍보하며 윤리적 '가시성'을 만들어 내고자 할 수도 있다. 하지만 "인간으로서 어떻게 살아야 마땅한가?"라고 물으며 자유를 얻고 존재로 향할 수도 있다. 존재 모드에서는 신분, 직업, 사회적 지위는 실재하지 않으며 중요하지 않다. 중요한 것은 언행의 일치다. 그래야 마음이 풍성해진다. 인간성이라는 '자본'은 퍼스널 브랜딩처럼 영향력을 노리는 그 어떤 전략보다 더 환하게 빛을 뿜어낸다. 그것은 잃어버릴 수 없는 재산이기 때문이다.

소유가 아닌 존재를 선택하면 복잡함이 줄어든다. 인생이란 부침을 거듭하기 마련이지만, 어느 순간 문득 삶이 단출해진다. 지금 무엇을 해야 할지, 가다가 막히면 어떻게 뚫고 나아갈지 금방 알게 된다. 인생길의 훼방꾼은 당신을 훈련하는 조교이며, 잠시 무력감이 찾아와도 이내 지나간다. 일상은 더 큰 인간성을 키워 나갈 넉넉한 자원을 제공한다. 굳이 대단한 구조 기회를 노릴 필요도 없다. 조금 성가신 감기조차 훌륭한 훈련캠프가 된다. 당신의 처지, 즉 어차피 바꿀 수도 없는 상황을 한탄하지 않는다면 '줄줄 흐르는 콧물'도 남을 배려하는 훈련의 재료로 바꿀 수 있다. 손수건을 들고 다니며 옆 사람에게 옮기지 않도록 거리를 유지하고 기침이 나올 땐 손으로 입을 가리면 된다. 감기에 걸렸다는 사실은 중요하지 않다. 감기에 걸렸을 때 어떻게 행동하느냐가 중요하다.

스토아철학 라이프스타일로 살아보기

•
•

소유의 사회에서 존재가 유행하고 있다. 하필이면 잘못 해석한 존재의 라이프스타일로 말이다. 엄청난 돈을 들여 명상 캠프에 참가하는 사람들이 있다. 막상 가서 하는 일이라곤 그냥 있을 뿐이다. 숨 쉬고 최대한 생각을 적게 하는 것 말고는 달리 할 게 없는데도 엄청난 돈을 투자한다. 그런가 하면 대청소할 때 가장 행복해하거나, 소박한 무가공 원목 마룻바닥을 보기만 해도 황홀해서 즐거운 비명을 질러대는 사람들이 있다. 그들 모두의 마음에는 단출함에 대한 동경이 숨어 있다. 전화 한 통이면 약속을 잡을 수 있었던, 악수 한 번이면 계약이 체결되던 시절 이야기다.

후기 자본주의 소유 사회에서는 선택지가 늘어난 만큼 복잡성도 커진다. 구매 결정만 복잡한 게 아니다. 선한 것과 선해 보이는 것을 구분하기도 쉽지 않다. 선에 대한 말은 넘쳐나지만 정작 선행은 드물다. 온갖 말과 포옹, 약속을 늘어놓다가 문득 조용해진다. 얼마 전까지만 해도 엄청난 관심 대상이던 직장과 관계를 슬그머니 그만두는 조용한 사직Quiet Quitting은 무책임의 다른 말일 뿐이다. 그것은 책임지지 못하는 무능력과 다르지 않다.

소유 사회에서는 관계는 늘지만 갈등이 줄고, 인맥은 많아지지만 접촉은 줄어든다. 이 사회는 '다중 위기polycrisis'(여러 위기가 동시다발적으로 일어나 더 큰 위기를 만들어 내는 현상을 가리켜 1990년대 프랑스 철학자 에드가 모랭이 소개한 개념—옮긴이)와 같은 수많은 도전에 직면해 있다. 게다가 무가공 마룻바닥, 안식년, 명상 수련 등등 너무도 많이 '소유'하려 든다.

최고의 해법은 지극히 평범한 최소 원칙일 터이다. 소유 사회에 살면서도 존재를 선택하여 일상의 혁명가로 사는 당신 같은 사람들일 터이다. 여기 스토아철학이 길을 가르쳐 준다. 스토아철학 라이프스타일은 몇 가지 중요한 지점에서 선불교와도 닮았다. 스토아 철학자들은 불자들처럼 몸과 마음, 정신 외에 어떤 수행 도구도 필요로 하지 않는다. 또 단순한 선에 관심을 둘 뿐, 특별히 선해 보이려 애쓰지도 않는다.

어느 날, 한 사람이 선불교 스승 조슈Joshu(쿄잔 조슈 사사キ)를 처음 찾아갔다. 정원 저편에는 한 노인이 깊은 명상에 잠겨 있었다. 그는 바로 곁에서 일하던 정원사에게 물었다. "저 노인이 조슈입니까?" 정원사는 이렇게 대답했다. "아닙니다. 제가 조슈입니다. 저분은 제 수제자이지요."

알레한드로 조도로프스키Alejandro Jodorowsky(칠레 출신의 영화감독이자 배우, 소설가—옮긴이)의 《손가락과 달》에 나오는 이 일화에서 진정한 스승은 가부좌를 틀고 명상에 빠진 노인이 아니라 '스토아주의자답게' 식물이 잘 자라고 열매를 맺을 수 있도록 보살피는 정원사다. 이것이 바로 윤리적 기술의 온전한 의미다. 존재하는 한, 언제든 자신이 할 수 있는 일을 하는 것보다 더 중요하고 더 시급한 일은 없다. 인간적으로 존재하고, 인간적이 되는 것보다 더 중요하고 시급한 일은 없다.

*

》 당신은 아직 서른도 되지 않았지만, 건망증이 너무 심하다. 하고 싶은 것은 많은데 정작 실행에 옮긴 일은 별로 없다.

이유는 간단하다. 당신의 기억 창고가 인터넷 쇼핑몰 장바구니처럼 꽉 차 있기 때문이다. 당신은 존재를 추구하는 듯하지만, 소유에서 벗어나지 못한다. 소유 모드일 때 머릿속은 주로 두 가지로 가득 찬다. 첫째 지나간 일과 놓쳐버린 것을 안타까워하고, 둘째 다가올 문제를 예상하며 업무 계획을 세운다. 먼저 과거를 기억하고 그다음으로 미래를 떠올린다. 그러므로 당신은 진실로 현재를 살고 있지 않다. 계속해서 부재할 뿐, 존재하지 않는다. 그 결과, 아무리 의도가 좋아도 자신은 물론 타인에게도 책임 있는 태도로 행동하지 못하게 된다.

자기 존재에 대한 책임감을 키워보자. 스토아주의자처럼 기억 훈련을 실천해 보자. 지금이 몇 시든, 오늘이 얼마가 남았든, 하고자 했던 일을 지금 당장 시작하자. 이런 기억 훈련으로 지나간 것을 잊지 않고 현재로 불러올 수 있다. 차츰차츰 진실로 가장 중요한 것을 떠올릴 수 있다. 그렇게 사람의 삶, 언젠가가 아니라 바로 지금 당신의 삶을 떠올리게 될 것이다.

》당신은 대기업 팀장이다. 그런데 당신이 이끄는 프로젝트 팀에 문제가 생겼다. 각양각색의 팀원이 한마음 한뜻으로 프로젝트 성공을 위해 노력해도 모자랄 텐데, 통 그렇지 않다. 심지어 몇몇 팀원은 도통 의욕을 보이지 않더니, 이유도 말하지 않은 채 사전 예고 없이 그냥 사직서를 내고 말았다.

어쩌면 당신 팀이 '가진' 것은 '문제'가 아닐지도 모른다. 당신이 가졌다고 믿는 그 문제는 프로젝트를 훈련의 장으로 만들기만 해도 바로 해결될 수 있다. 당신이 리더이자 통솔자일 뿐 아니라 무엇보다 함께 훈련하는 훈련생이 되는 그런 훈련의 장으로 만든다면 말이다. 계획한 목표치에 너무 얽매이기보다는, 앞서 말한 윤리적 기술을 직장의 일상으로 끌어와 팀원들과 함께 존재 모드로 나아가 보자. 소유를 지향하는 기업 모드를 당신이 먼저 바꿔보자. 당신의 능력과 의지만큼 인간적 분위기를 조성해 보는 것이다. 직원들이 열심히 일할 뿐 아니라 열심히 생활하고 존재할 수 있는 분위기 말이다. 그렇지 않은 환경에서는 제아무리 '날고 기는 인재'라 해도 기량을 한껏 발휘할 수 없다.

》 당신은 최소 원칙을 잘 지키는 사람이다. 하지만 너무 원칙에 집착해 인간관계도 최소로 줄인다. 즉 스트레스를 주지 않는 사람하고만 만나기로 한다.

미국의 블로거이자 라이프스타일 전문가인 조슈아 필즈 밀번Joshua Fields Millburn과 라이언 니코데무스Ryan Nicodemus는 소비를 엄격히 줄이고 물건을 의식적으로 선택하는 데 멈추지 않고, '관계 미니멀리즘Minimalism'을 찬양한다. 이들은 지나치게 많은 옷, 꽃병, 봉제 인형을 포기할 수 있듯, 복잡하게 얽힌 관계도 골라 버릴 수 있다고 생각한다. 판단 기준은 관계가 주는 편치 않은 느낌이다. 하지만 오래된 우정마저도 더는 내 삶에 맞지 않는다는 이유로 끝내는 것이 과연 '단출함'으로 가는 올바른 길일까?

스토아 철학자와 불교도는 단연코 '아니다'라고 답할 것이다. 그들은 '당신이 어떻게 살고 싶은가'보다 (아무리 개성 넘치더라도 공통점 많은 나머지 인류와 더불어 사는 일을 잊지 않으면서) '어떻게 살아야 하는가'가 더 중요하고 믿는다. 모든 인간이 인간으로서 보이지 않는 그물처럼 얽혀 있다면, 그 모두를 정직하고 공정하게 다 하는 것이 (윤리적으로) 가장 바람직한 선택일 것이다.

더는 '쓸모'가 없다는 이유로 친구마저 손절한다면, 당신은 소유 모드의 성과 지향에 사로잡힌 사람이다. 진정한 우정은 존재 모드에 들어서서 평생토록 훈련하는 과정이다. 인간은 힘든 계단을 창의적으로 오르면서 성장한다. 그러니 문제가 어디에 있는지, '복잡한' 관계를 다시 기쁨으로 채우기 위해 당신이 무엇을 할 수 있을지 물어보자. 특히 당신이 '힘들' 때 친구에게 무엇을 기대하는지 생각해 보는 것도 도움이 될 것이다.

물론 해로운 관계를 억지로 참고 유지하라는 말은 절대 아니다. 특히 아주 위험한 나르시시스트에게 걸려들었다면, 당장 6장으로 돌아가 다시 읽어보길 권한다. 잊지 말자! 본질적인 것을 고민하면 얻는 게 많지만, 관계 미니멀리즘은 (고독 말고는) 별 소득이 없다.

⑨ 언어는 존재의 집이다
예의에 관하여

- 예의는 영혼들 틈에서
날렵하고 활발한 공감대를 형성하며,
이상적인 다른 세상을 보여준다.

_앙리 베르그송

누군가를 좋아해야만
존중할 수 있을까?

:

모든 문명은 정해진 질서, 일정한 규칙과 규범이 있어야만 무정부주의로 빠지지 않는다. 활기차고 자유로운 사회일수록 다양한 구성원 모두에게 도움이 되는 교류 형식이 필요하다. 당신이 모자를 사러 가게에 들어가 판매원에게 묻는다. "이거 검정색은 없어요?" 그러자 판매원이 답한다. "당근 있지. 자, 자기한테 잘 어울리겠다." 다짜고짜 반말을 던졌지만, 말투가 듣기 나쁘지 않다면 당신도 반말로 대꾸하면서 그 모자를 써보면 그만이다. 하지만 당신이 미성년자도 아닌데 반말로 응대하는 판매원 태도가 불쾌하게 느껴진다면?

 당신이 반말을 좋아하건 존댓말을 선호하건, 그것은 어쩌면 사소한 문제일지 모른다. 하지만 그 이면에는 훨씬 덜 사소한 다원적 민주주의의 문화적 차이가 숨어 있다. 이 차이는 우리의 자기 이해, 즉 우리가 자신과 타인을 바라보는 방식과 남에게 보이고 싶은 방식을 결정하는 가치관과 관련되어 있다. 반말이 조성하는 친밀한 분위기는 이론적으로는 상호이해를 높이는 데 도움이 된다. 그러나 실제로 반말은 고객 유치를 위해 표준화된 장사 규범의 일종이다. 이른바 친밀하다는 그런 행동 자체가 부담스러울 수도 있다. 스타일도 없고 존중도 없다. 존중, 즉 도덕철학에서 '존경Achtung'이라 일컫는 이 태도를 보이느냐 마느냐는 일상 속 상호관계는 물론이고 자신과의 관계에도 영향을 미친다.

언어는 말과 비언어적 몸짓을 가리킨다. 우리가 말하면서 동시에 말하지 않는 것이며, 우리가 말하는 방식과 '의미심장하게' 침묵하는 방식을 아우른다. 존댓말은 (문맥에 따라) 정중하게 들릴 수도 있지만 우스꽝스럽게 들리기도 한다. 예를 들어 "귀찮게 해드려서 죄송합니다만 인도에 소변은 좀 자제해 주실 수 없을까요?"라는 정중한 부탁은 강아지에게는 주소가 틀린 말이지만, 심리 질환을 앓는 환자에게는 알맞을 수도 있다. 그와 관계를 맺을 수 있는 유일한 언어 형식일 수 있기 때문이다. 우리가 언어를 사용하는 방식은 타인과의 관계는 물론, 자신과의 관계에도 영향을 미친다.

※

"나 새 모자 있어"와 "나 아이디어 있어"라는 말을 비교해 보자. 겉보기에는 두 문장이 비슷해 보인다. 하지만 첫 문장은 당신이 소유한 물질적 대상을 가리키지만, 두 번째 문장은 조금 다르다. "나 아이디어 있어"는 마치 아이디어를 모자처럼 소유하는 듯 들린다. 사실 당신은 가진 게 없다. 오히려 당신은 어떤 행동을 하고 있다. 무언가를 상상하고 어떤 것에 대해 고민한다. 창의적으로 생각하는 활기찬 인간이 되는 것이 당신의 존재에 포함된다면 "나 아이디어 있어"는 당신이 무엇인지를 대변하지 않는다.

에리히 프롬은 《소유냐 존재냐》에서 이렇게 말했다. "존재에서 소유로 강조점이 이동했다는 사실은 지난 몇백 년 동안 서구 언어에서 명사의 사용이 증가하고 동사의 사용이 줄어든 데서 확인할 수 있다." 이러한 언어 관습의 변화는 윤리적으로도 중요한 의미를 지닌다.

당신은 세상을 바라보는 자기 생각과 감정에 적극적인 자세를 취할 수 있다. 하지만 소유 모드는 당신에게 수동적이고 무력한 태도를 강요한다. 소유 모드는 당신이 누구인지 무시하기에 당신을 존중하지 않는다. 이 모드를 자기 것으로 만들면 당신은 지금 가지거나 가지지 않은 것으로 축소된다. 예를 들어 당신이 '문제를 가지면' 사실상 문제가 당신을 '갖는' 것이다. 문제가 당신을 소유한다. 문제를 가지면 당신은 익명화되고, 자신으로부터 또 자신의 주관적 경험과 개인적 활동으로부터 '소외'된다. 의견도 문제와 다르지 않다. 당신이 특정한 의견을 가지고 있다고 믿으면 자신의 '소유'를 지키려는 성향을 띠게 된다. 지키지 못하면 무력하게 남들의 의견을 따라야 할지 겁나기 때문이다. 두 사람의 소모전이 생산적 논쟁으로 발전하느냐 아니냐는 그들이 자기 것으로 만든 언어 형식의 영향도 크다.

싸움 → 상호 독백

"하지만 그건 그래!" (하지만 내 생각은 이래.)
"아니, 틀렸어. 그건 그래!" (내 생각은 저래.)

토론 → 적극적 대화

"나는 그렇게 생각하지 않아." (= 다르게 볼 수도 있겠네.)

"왜 안 돼?"(= 네가 어떻게 생각하는지 이해하고 싶어.)

우리는 애당초 서로에 대해 어떻게 이야기하는가? 이야기를 나누기는 하는가? 사람, 사물, 사건 이야기를 할 때 당신은 당신 문화권의 사람들 대부분이 그러하듯 '제도적 사실 institutional fact'을 자주 언급하곤 한다. 언어행위 이론의 유명한 대표학자인 존 설John Searle이 지적하듯 '제도적 사실'은 단어와 개념으로 만들어진다.

한 가지 사례를 들어보자. 당신이 나와 돈 문제로 다툴 때 당신이 언급하는 대상은 중앙은행에서 발행한 사각형의 종이이고, 더불어 언어철학자 존 설의 말대로 특정한 '위상기능 Status Function'을 갖춘 '돈'이라는 제도이다. "이 종이는 돈이다"라는 언어행위는 어디서나 인정되며, 돈이라는 제도를 뒷받침한다. 결혼 제도("네, 그러겠습니다")와 약속 제도("나 두 시에 갈게")도 매우 비슷하다. 사물과 사건뿐 아니라 사람도 특정한 언어 사용을 통해 제도화된 사실이 될 수 있고, 그 자체로 어떤 역할을 '가능하게' 한다. '대통령' '주부' '이민자' 같은 명칭은 사회나 문화가 갖추었다고 생각하지만 실제로는 개별 생명체로 이루어진 사회 현실이다.

돋보기를 꺼내 보자. 사람들에게 이름을 붙이고 그들을 사회적 '사실'로 만드는 사회집단 뒤편에는 누가 숨어 있을까? 살림하는 남자, 어린이, 휠체어 장애인, 연금 수급자일까? 그렇지 않다. 이들은 "이름이 붙은 사람들"이다. 스스로는 "이름 없는 사람들"이라 일컬으며, 기자 퀴브라 귀뮈샤이Kübra Gümüşay의 표현을 빌리자면 "그들의 존재 배후를 아무도 캐묻지 않는 사람들"이 그렇게 불러서 "이름 붙은 사람들"이다. 이들이 표준이고 규범이며 기준이다.

그렇다면 이 규범의 뒤편에는 누가 숨어 있을까? 독일에서는 여전히 생물학적 독일인 남성이다. 굳이 말하지 않아도 이들이 스스로 규범이라 여기고 그 위치에서 다른 집단에 사회적 지위와 관련된 특정 명사를 부여할 수 있다면, 그들의 행동은 단순한 언어 사용을 넘어 언어 권력이 된다. 이름 없고 눈에 띄지 않지만, 우리의 언어 행동을 형성하거나 왜곡하는 규범의 권력 말이다. 이 권력은 단어를 통해 사회 현실을 복사하거나 왜곡하거나 감추면서 특정한 사회 현실을 만들어 낸다.

- 누군가 나를 '이주민'이라고 부르는 게 듣기 싫다면 어떻게 해야 할까?

- 다른 사람을 그렇게 부르는 게 싫다면 어떻게 해야 할까?
- 어떻게 하면 나와 다른 사람들을 존중할 수 있는 다른 이름을 찾을 수 있을까?

※

자유로운 사회에서는 항상 규범을 부술 방법도 존재한다. 지금 그럼직하거나 앞으로도 그러리라는 이유만으로 어떤 것을 여전히 옳고 좋다고 생각해야 하는 것은 아니다. 반갈이 제도가 되었다고 해서 꼭 반말이 인간성과 신뢰를 키우는 최선의 길은 아니다. 반말이 예의 없거나 무심하게 비칠 수도 있고 부적절하게 느껴질 수도 있다. 앞에서 예로 든 코자 가게에서만 그런 게 아니다.

이런 상상을 한번 해보자. 당신은 일주일에 한 번 빨래방에 간다. 그곳에서 일하는 젊은 여성은 손님들에게 별 주목을 받지 못한다. 당신도 그녀 이름이 미라이며 시리아 난민이라는 사실밖에는 아는 게 없다. 당신은 휴대전화에서 눈을 떼지 않은 채 미라에게 지폐를 건네며 "동전으로 바꿔줘"라고 말할 수 있다. 하지만 그녀를 바라보며 "미라, 잘 지냈어요?"라고 물을 수도 있다. 비록 형식적일 수 있지만, 의도적이고 윤리적 확신에서 나온 존댓말은 그녀가 오랫동안 그리워했을지 모를 무언가를 건넬 수 있다. 바로 존중이다. 당신의 존댓말은 미라를 (그녀 관점에서 보면 마침내 다시) 인간으로 표현하는 기능이 있다. '이주민'이라는 이름에 어떤 사회 현실이 담겨 있는지, 미라가 같은 국민으로서 어떤 신분을 부여받거나 거부당했는지에 전혀 상관없이 말이다.

당신은 "미라, 잘 지냈어요?"라고 물으며 그녀를 있는 그대로 인지한다. 그녀를 '이주민'이라는 집단의 대표로 보지 않고, 적극적이고 활기차며 자유롭게 생각하고 느끼는 한 인간으로 바라본다. 당신은 자발적으로 존댓말을 선택함으로써 배려와 윤리적 태도를 입증한다. 당신의 존댓말에는 독자적으로 결정을 내릴 수 있는 미라의 인간적 능력에 대한 존중이 담겨 있다. 바로 임마누엘 칸트가 말한 "타인의 존엄성에 대한 인정"이다. 누군가를 배려하고 존중하기 위해 반드시 그를 이해할 필요는 없다. 반드시 그를 좋아해야 하는 것도 아니다. 좋아하지 않아도, 완전히 이해하지 못해도, 우리는 누군가의 그러함 So Sein(인간이 있는 그대로 존재하는 모습을 뜻하며, 칸트는 이를 인간 존엄성의 근거로 삼아 이해나 호감과 상관없이 타인의 존재 자체는 존중받아야 한다고 보았다.—옮긴이)을 존중할 수 있다.

당신이 문제나 의견을 '갖는' 것이 불필요하고 윤리적으로 바람직하지 않듯, 한 사회가 '이주민'이나 '가정주부'를 갖는 것도 불필요하고 윤리적으로 바람직하지 않다. 우리는 다른 단어를 쓸 수 있고 다르게 말할 수 있다. 언어는 더욱 인간적인 사회 현실을 만들 수 있다. 세상을 (어쨌거나 그 일부를) 선한 쪽으로 바꿀 수 있다. 당신이 다르게 말하면 다르게 생각하고 다르게 느끼기 때문이다.

독일의 작가 아돌프 프라이헤르 폰 크니게Adolph Freiherr von Knigge는 "사람은 말이 아니라 행동으로 판단하라"고 말했다. 나는 조금 더 덧붙여 이렇게 말하고 싶다. "사람은 말이 아니라, 말로 행한 것으로 판단하라." 규범이 되어버린 말, 아니 그런 말이야말로 누군가에게 상처를 줄 수 있다. 하지만 우리는 규범을 부술 수 있다. 매일 말을 ᄒᆞ여 기존의 것에 새로운 관점을 뒤섞음으로써 규범을 깨뜨릴 수 있다.

아직은 사회 현실이 아닌 것에 관해 말할 때, 그것이 이미 (거의) 현실인 듯 행동한다. 기존 사실에 새로운 가능성을 맞세우며, 작은 사회 혁경을 계속해 나간다. 어릴 적, 처음 말을 배우면서 시작된 그 혁명을 이어 나간다. 배가 고플 때 "맘마"라고 하면, 그 말이 떨어지기 무섭게 이유식이 입으로 들어왔듯이. 손가락이 끼어 "아야"라고 외치면 비명이 끝나기 무섭게 우리 작은 손을 쓰다듬는 큰 손을 느꼈듯이.

이제 당신은 어른이 되었고, 세상의 흐름을 바꿀 수 있는 언어의 가능성도 훨씬 커졌다. 성인이 된 당신은 빨래방의 미라 앞에 서서 그녀에게 존중이 담긴 존댓말을 건넨다. 그 말 한마디로, 이미 인생에 대한 짧은 대화가 시작된다. 당신 자신의 언어로 창조한 인간적 현실이.

우리는 조금 더
친절해도 괜찮다

:
:

이 사회에는 정치적으로 올바른 표현방식을 선사해 규범 너머의 사회 현실을 새롭게 비추려는 사람들이 있다. 언어 형식을 사회적 성별 차이처럼 운명이자 윤리적으로 바람직한 것으로 보는 사람들도 있다. 그런가 하면 언어적으로나 인간적으로 아예 배려에 관심조차 없는 사람들도 있다. 이들은 모든 감수성을 야만적으로, 심지어 폭력까지 동원해 질식시키려 한다. 같은 사람을 누구는 "외국인 노동자"라고 부르고, 누구는 "야, 이슬람!"이라고 부른다. 이것이 바로 우리 시대 언어와 소통 스펙트럼의 양극단이다.

일상에서 충돌하는 견해, 서로 다른 세계관과 문화를 '통합'

하는 간단한 방법이 있다. 바로 예의다. 말하지 못해도, 엉터리 독일어를 써도, 사투리가 심해도, 쌍스러운 말을 해도, 누구나 예의를 지킬 수 있다. 심지어 반말로도 예의를 지킬 수 있다. 예의는 윤리적으로 의미 있을 뿐 아니라 분위기를 띄울 수 있는 기술이다. 프랑스 철학자 앙리 베르그송Henri Bergson의 말처럼 "예의는 영혼들 틈에서 날렵하고 활발한 공감대를 형성하고" 우리에게 "이상적인 다른 세상"을 보여준다. 물론 그 이상이 꼭 유토피아일 필요는 없다. 우리가 선택한 언어 형식으로 이상을 현실로 만들어 가는 일은 우리 몫이다.

꼭 그래야 하니까 (예를 들어 경찰관이 앞에 있어서) 예의를 차릴 수도 있다. 규범이 요구하기에 예의를 차릴 수도 있다. 하지만 관습적인 이유가 없어도 예의를 지킬 수 있다. 그것이 타인과 자신에게 유익하기 때문이다. 세련되지 못하게 무력하고 무심히 흘려보낼 법한 만남을 약간의 예의로 윤리적이고도 아름답게 만들 수 있다. 자발적으로 실천한 예의는 진부한 규범을 부순다. 예의는 인간의 신분에 관심이 없고 인간을 인간으로서 존중하고 존경하는 부드러운 권력이다. 이는 자신에 대한 존중이기도 하다. 언어와 형식에 무심하지 않기에 당신은 표현에 뛰어난 재능이 있는 존재임을 보여준다.

✻

>> 오랜만에 옛 지인을 만났다. 그날 밤 분위기가 너무 화기애애해서 당신은 그를 또 만나고 싶다. 그런데 아무리 연락해도 그는 받지 않는다.

그날 밤의 대화를 찬찬히 되짚어 보자. 당신이 살짝 말이 많았을지도 모른다. 그랬더라도 충분히 이해할 만하다. 못 만나는 동안 많은 일이 있었을 터고, 당신은 당신의 뇌를 가득 점령한 온갖 위기와 문제, 성공을 줄줄이 털어놓고 싶었을 것이다. 그러나 지인은 당신이 조금만 더 예의를 지키고 그를 존중해주길 바랐을지도 모른다. 어쩌면 당신이 정말 중요하다 느꼈던 내용도 그에겐 이기적 행동으로 비쳤을 수 있다. 당신이 자기 말만 하느라 "그래, 어떻게 지내셨어요?"라며 그의 소식을 궁금해하지 않았기 때문이다. 당신 관심사가 상대에게도 관심사인지 확실하지 않다면 아무리 친한 친구라 해도 사이사이 말을 멈추고 그의 말에 귀 기울일 필요가 있다.

누군가 당신이 있는 자리에서 입을 꾹 다물고 있다면 윤리적 경고신호일 수 있다. 당신이 말로 상대를 짓누르겠다고 위협하는 것일 수도 있다. 당신이 머릿속에 갖고 있다고 믿는 것들, 의견과 문제와 아이디어에 얼마나 짓눌려 있는지 곰곰이 생각해 보라. 당신이 어떤 사람인지 되새겨 보자. 당신은 질문을 던지고, 경청하고 늘 시선을 바꿀 수 있는 존재다. 지인이 연락하지 않거든 당신이 먼저 연락해 보자. 이번엔 다른 언어로, 다른 말로, 다른 태도로.

⑩ 당신의 인생이 작품이 될 수 있게

아름다움에 관하여

• 자기 인생을 예술로 완성해 나가는 것이야말로
도덕적 경험의 중심이요,
도덕을 향한 의지의 중심이다.

_미셸 푸코

지는 해를 바라보기만 한다고
인생이 달라질까?

:
:

한 사람은 노랑을, 다른 사람은 초록을 고른다. 아예 아무것도 집어 들지 않는 사람도 있다. 정치는 첨예한 논쟁 주제 가운데 하나다. 하지만 사회를 가르는 것은 정치만이 아니다. 미적인 선호도를 두고도 사회는 의견이 갈린다. 무엇이 더 아름다운가? 노랑이? 초록이? 치마는 전부 다 별로라고? '아름다운' 집이 무엇이냐를 두고 싸우다 결혼이 깨진다. 그래도 인간 삶의 어떤 측면도 아름다움보다 더 화해의 잠재력이 크지는 않다. 아름다움은 절대 겉핥기로 그치지 않는다. 아름다움에는 모든 인간에게 열린 윤리적 심층 차원이 있다.

아름다움이라는 말을 들으면 많은 사람이 잘생긴 얼굴과

잘 빠진 몸매, 근육질 몸부터 떠올린다. 보기 좋게 그을린 근육질 연예인 수는 성형수술 수요만큼이나 치솟는다. 매력적인 외모의 중요성은 세상이 '추할'수록 더 커지는 듯하다. 불안이 심해지고 성과와 발전이라는 집단 믿음이 커질수록 사람들은 자신의 매력에 돈을 투자하는 걸 당연하게 여긴다. 패자가 되고픈 사람은 없다. 아름다움은 곧 성과다. 그래서 열두 살만 되어도 코를 세우고 쌍꺼풀을 만들고 싶어 한다. 도시의 이미지는 패션이나 미용 인플루언서에 푹 빠져 브랜드 옷을 안 입으면 집 밖을 못 나가는 사람들로 채워진다. 비싼 옷을 살 돈이 항상 주머니에 잔뜩 들어 있어서가 아니다. 적절한 패션이 완벽과 젊음을 상징한다는 걸 잘 알기 때문이다.

그렇다고 해도 스타일과 형식을 갖추려는 노력에는 단순히 외적 매력을 갖추려는 의지보다 더 많은 게 담겨 있다. 바로 삶의 모순과 역설에서 우주를 창조하려는 노력이다. (고대 그리스어 kosmos의 원래 의미가 그러하듯) 질서 있고 의미 있는 형체를 만들려는 노력이다. 아름다움은 여성잡지만의 주제가 아니다. 사랑, 자유, 소속감, 행복처럼 인간의 기본 욕구이며, 그러기에 흔히 쓰는 'Beauty'라는 말보다 훨씬 많은 뜻을 담고 있다. 매력적인 사람, 격식 있게 차려진 식탁, 웅장한 산이나 예술작품을 보고는 (매력에 빠져서, 압도당해서, 감동 먹어서) 생각이 멈춘 적이 있다면 아마 내가 무슨 말을 하는지 이해할 것이다. 아름다움이 힘이 센 이유는 그것을 이용해 상대를 조종할 수 있기 때문이기도 하지만, 무엇보다 아름다움이 새로운 가능성으로 넘쳐난 우주로 들어가는 문이기 때문이다. 아름다운 장미를 바라볼 때 우리는 감각으로 인지되는 꽃만 보는 게 아니다. 그것을 넘어서 초감각적인 것, 피안의 그 무엇도 동시에 예감한다. 우리는 나쁜 것과 악한 것이 결코 해칠 수 없는 이상세계를 직관으로 인지한다. 이것이 아름다움의 마법이다.

※

잘생기고 싶은 바람과 잘 살고 싶은 욕망은 둘이 아니다. 풍성한 머릿결과 납작한 배를 자랑하고 싶고, 노화를 멈추고 싶으며 가족에게 건강한 밥을 먹이고 싶은 이유는 결국 따지고 보면 한 가지다. 자기 삶에 형식을 부여하기 위해서이다. 무기력하게 상황에 휘둘리지 않기 위해서이다. 살면서 더 많은 의미와 행복을 만들어 내기 위해서이다. 그러나 외적인 아름다움은 느린 행복의 보증수표가 아니다. 미용실에 앉아 있으면 잠시 빠른 행복이 찾아오고, 물론 인스타그램에 공유하기엔 충분한 행복이다. 하지만 '코스메틱cosmetic'이라는 말에도 우주cosmos가 들어 있지 않은가. 세상의 모든 필링peeling보다 더 가치 있는 것을 향한 갈망이 들어 있는 것이다.

고대 그리스 철학자들은 모든 '우주'가 미, 선, 진의 합일kalokagathia이라고 보았다. 플라톤Platon은 '아름다운' 균형과 진리의 깨달음과 결합하지 않은 선은 존재하지 않는다고 주장했다. 인간은 조화롭게 정돈된 전체, 즉 작은 규격의 우주 복제품일 때만 아름답다. 우주의 구성 요소들이 하나이듯, 몸과 영혼과 정신도 하나여야 한다. 아름다움은 올바른 비율을 선택한 결과라는 깨달음은 아름다움을 특정한 수학적 비율에서 도출한 피타고라스Pythagoras까지 거슬러 올라간다. 사람 얼굴, 음악 소리, 사원 건축, 어디서나 균형이 중요하다.

현대의 매력 연구는 피타고라스의 손을 들어준다. 외적 아름다움은 측정 가능하다. 오늘날 기업의 인사 담당자들과 홍보 전문가들은 플라톤의 편이다. (이상적인) 외적 아름다움은 내적 아름다움, 즉 지성과 개성 그리고 강인한 성격과 윤리적 태도를 가리킨다고 말이다. 멀티미디어 환경에서 측정할 수 있는 '고전적' 매력이 '신체 다양성body diversity'이라는 이상과 경쟁하면서 과체중도 트랜스젠더도 장애인도 아름답다고 생각할 수 있게 된 이후, 정신과 영혼의 아름다움은 마침내 오랫동안 기다려 온 인정을 거머쥐었다. 물론 다양성이라는 이상조차도 시장의 손에 이러저러하게 왜곡되긴 하지만, 이런 발전의 흐름은 피상성을 넘어 더 깊이 파고들 수 있다는 희망을 준다. 어쨌든 이는 우리에게 아름다움에 관한 질문을 다시 던지고, 다른 답을 고민하게 독려한다.

무엇이 나를 아름답게 만들까?

- 타인을 행복하게 만드는 나의 능력
- 나의 호기심과 공감 능력
- 삶에 선하고 의미 있는 형식을 부여하려는 매일의 노력

나는 어떤 사람을 아름답다고 생각할까?

- 어떤 상황에서도 줏대 있는 사람
- 파리를 살려주는 사람
- 거짓보다 진실을 더 좋아하는 사람

아름다움에 예민해지는 것, 아름다움을 창조하고 만드는 것은 삶의 기술이다. 평생 계속해 나갈 훈련이며 매일 더 쉬워

지고 재밌어지는 변화 과정이다. 진리를 향한 여정은 자기 몸을 바라보는 시선의 변화에서 시작된다. 온갖 결점과 문제가 있는 그 몸, 영혼과 정신을 담은 그 몸이 당신이다. 당신은 각 부위를 단순히 합친 것 이상의 존재다. 살고 웃고 숨 쉬며 세상을 멋진 아이디어와 행동으로 풍성하게 채울 수 있는 유기체다. 진정한 아름다움은 안과 밖의 교차점에 있다. 당신의 '안'이 '밖'으로 분출되는 그곳에 있다. 진정한 아름다움은 시들지 않는다. 당신이 자신에게서 그 아름다움을 끊임없이 새롭게 길어내기 때문이다.

진정 아름다워지고 싶다면 배워야 한다. 당신의 인생이 성공하느냐, 당신의 인생이 우주가 될 수 있느냐는 배우려는 열망과 만들고자 하는 의지에 달려 있다. 당신의 인생이 지금 도무지 '아름답지' 않다고 가정해 보자. 어깨가 망가져 고생하고 배우자와는 얼굴만 마주치면 싸우는데, 집주인이 득달같이 전화해서 월세를 올려달라고 한다. 당신은 하루아침에 해결되지 않을 개인적 '다중 위기'에 처해 있다. 위기를 극복하기 위해 다양하게 조처할 수 있겠지만, 무엇을 어떻게 해야 할까? 이럴 때 당신은 아름다움을 향해 고개를 돌려서 삶의 예술가나 조각가가 될 수 있다.

"자기 인생을 예술작품으로 완성해 나가는 것이…… 내 보기에는 도덕적 경험의 중심이요, 도덕을 향한 의지의 중심이다." 철학자 미셸 푸코는 고대 그리스식 삶의 기술을 이렇게 요약했다. 요즘 식으로 고쳐보면, 어느 날 문득 끌을 손에 쥐고서 어지러운 카오스를 다듬어 균형 잡힌 형체를 만드는 것이다. 물론 지금의 비참한 상황을 바꿀 수 없을지도 모른다. 하지만 스타일은 바꿀 수 있다. 굳이 미술 교육을 받아야 하는 것은 아니다. 예를 들어 오늘 저녁 꽃다발을 사서 집에 들어가 배우자를 깜짝 놀라게 하거나, 기꺼이 맛있는 저녁을 차려 기쁘게 해주는 것이다. 그것이 아름다움이다. 고통스러운 삶의 작은 부분을 창조적으로 '미화'하면 삶 전체가 아름다워진다. 그 작은 행동이 당신을 무기력에서 한 발짝 떼어내 느린 행복을 향해 나아가도록 밀어주기 때문이다.

당신이 올바른 길을 가고 있다는 확실한 증거는 '나'의 망각에 있다. 창의적 활동을 해도 좋고, 그저 아름다운 대상을 존경의 눈으로 바라보기만 해도 좋다. 아름다움에 몰두하면 에고는 모래알만큼 작아진다. 신비한 초월의 경험에 빠져든다. '예술적'이고 창조적 인식만 있다면 밥을 짓고 꽃에 물을 주고 춤을 추고 사진을 찍는 평범한 행동들도 미적 경험이 될 수 있다. 독서와 명상, 그림 그리기도 마찬가지다. 이런 정적인 행동들은 예민한 감각을 갈고닦아, 매력적인 겉모습이 이면의 신비한 깊이만큼 흥미롭지 않음을 알아차리게 해준다.

　진정한 아름다움에는 엄청난 화해의 잠재력이 숨어 있다. 진정한 아름다움은 당최 마음에 안 드는 세상과 당신을 이어주는 다리를 건설한다. 연주회나 등산 같은 아름다운 공동의 경험은 사람들을 (다시금) 하나로 모은다. 모두가 취향이 같지는 않아도, 언어와 피부색, 종교와 교육, 견해의 경계를 넘어 누구나 아름다움을 느낄 수 있다. 삶을 예술작품으로 만들고 쉬지 않고 아름다움을 익혀 나간다면, 아름다움을 보고 듣고 냄새 맡고 맛보고 창조해 나간다면, 당신은 매일매일 아름다움의 감각을 갈고닦을 수 있다. 자신을 위해서도, 타인을 위해서도.

　지금 당신 삶이 아무리 '추하다'고 해도 정신과 영혼의 아름다움을 삶으로 불러들인다면 당신 자신은 아름다워질 것이다. 상황에 매몰되지 않고 아름다움을 칭송하려는 욕망은 차츰차츰 윤리적 태도가 되어, 아무리 어려운 시간이 와도 너끈히 헤쳐 나가게 할 것이다. 그리스 철학자 에픽테토스^{Epictetus}는 말한다. "허나 이것을 소홀히 한다면 아무리 수많은 예술작품으로 너를 아름답게 꾸미려 해도 너는 어쩔 수 없이 추할 것이다." 지금도 미, 진, 선은 떨어뜨릴 수 없다. 진리의 마법은 가장 평범한 몸짓으로 펼쳐진다. 임종을 앞둔 환자의 침상에 놓인 장미는 세상에서 가장 큰 위안이 될 수 있다. 지는 해를 가만히 바라보기만 해도 인생이 달라질 수 있듯이.

일상에서
초월성을 경험하는 마법

•

전문가들 사이에서 '미학Aesthetics'(그리스어 aisthesis는 '감각적 인지'를 뜻한다)은 인기 있는 주제다. 성형외과 의사, 미용사, 모델 에이전트, 트렌드 연구자, 철학자들이 앞다퉈 그것의 가치와 무가치에 대해 온갖 말들을 떠들어댄다. 하지만 전문가 의견은 별로 중요하지 않다. 그들이 주장하는 아름다움의 정의와 측정은 항상 표면에 한정되기 때문이다.

아름다움은 말로 표현하기가 힘들다. 사랑, 의미, 행복처럼 직접 몸으로 경험하고 살아야 한다. 이 모든 게 가치다. 우리 자신은 물론, 삶 전체를 위해서도 긍정적이고 선한 것이며, 생각하고 느끼고 행동하라고 이끄는 그런 가치 말이다.

어떤 것을 "가치 있다"고 일컬을 때 당신은 언어로 표현할 수 없는 윤리적 의미를 떠올린다. 아름다움의 가치 또한 따지고 보면 깊이를 알 수 없고, 끝이 없으며 신비롭다. 당신이 어떤 사람, 풍경, 옷을 아름답다고 생각하는 것은 그 대상이 당신 취향에 맞기 때문만은 아니다. 그것이 아름답다고 당신이 확신하기 때문이다. 더는 이유가 필요 없다. 그 믿음이면 충분하다. 교향곡이나 반짝이는 해수면, 고대 조각상 같은 아름다운 것에는 흔들리지 않는 '진리'가 들어 있다.

아름다운 것에 해당하는 말은 선한 것에도 해당한다. 남을 돕는 일이 순전히 취향 문제라면 어떨지 생각해 보자. 쾌락 원칙이나 특정한 사회적 이해관계만을 따져서 홍수나 지진 피해자에게 돈을 기부한다면, 윤리적 가치는 또 선행의 규범적 힘은 어디에 있단 말인가?

언어로 표현하기 무척 힘든 영혼과 정신의 아름다움은 감각적으로 인지될 때 비로소 깨달을 수 있다. 영혼의 아름다움은 인생처럼 절대 마르지 않는 가치 창조의 샘물이다. 삶의 기술은 절대 끝나지 않는 변화의 과정이다. 우리는 그 과정을 통해 이 세계의 자연과 생명체, 사물과 사건과 상호작용하고 충돌하면서 '가장 아름다운 것'을 만들어 낸다.

무엇이 아름다운가?

　- 신비하고 무궁무진한 것
　- 말로 표현할 수 없는 것
　- 삶 그 자체

*

» 당신은 IT 기술자라서 '진선미의 합일'이라는 말을 들어도 아무런 감흥이 없다. 당신 눈에 아름다운 건 기껏해야 0과 1뿐이다. 아무리 읽어도 무슨 말인지 모르겠는데 위에서 설명한 내용을 어떻게 실천할 수 있을까?

자, 일단 모니터에서 한 뼘 떨어져 보자. 소리와 비트를 다 차단하자. 방 한가운데로 걸어가 바닥에 앉아 눈을 감는다. 주변에서 들려오는 소리를 하나도 빠짐없이 귀 기울여 들어보자. 옆방에서 들리는 기침 소리, 저 아래 길에서 올라오는 자동차 경적에도 귀를 기울이자. 그다음엔 하나의 소리가 사라지고 다음 소리가 나기까지, 그 잠깐의 고요에 신경을 곤두세워 보자. 그 고요를 좋아하는 음악처럼 '들으려' 노력해 보자. 당신이 직접 노래를 부르다가 잠시 멈춰도 좋다. 노래가 멈춘 순간 밀려오는 고요에 귀를 기울이자. 이 훈련은 (아마도 직업 탓에) 무뎌진 감각을 다시 깨우는 데 아주 그만이다. 우리의 감각기관은 인생의 기술을 연마하기에 딱 좋은 도구이기 때문이다.

주말이나 휴일엔 혼자 공원에 가거나 산에 올라가 보자. 그곳에서 바람에 흔들리는 나뭇잎을 관찰하거나 부러진 나뭇가지를 가만히 들여다보자. 1분만 보고 고개를 돌리지 말고 적어도 3분은 지켜보자. 그런 인지 훈련을 시간 날 때마다 되풀이해 보자. 언젠가 일상의 어떤 자리에서 무언가가 달라질 것이다. 어쩌면 중요한 깨달음을 얻게 될지도 모른다(진). 혹은 문득 당신에게 큰 도움이 되었거나 당신이 사랑했던 사람이 떠오를지도 모른다(선). 어쩌면 문득 지저분한 침실이 눈에 들어와 팔을 걷어붙이고 정리 정돈을 시작하게 될는지도 모른다(미).

》열한 살 딸이 셀카에 빠져 계속 새 옷을 사달라고 조른다. 솔직히 당신도 셀카 중독이라 할 말이 없다. 어떻게 해야 당신도 딸도 그 중독에서 헤어날 수 있을까?

자아 집착은 영감을 잃은 나르시시즘 문화의 전형적인 증상이다. 당신도 이미 알고 있겠지만, 밖으로 과시하는 피상적 행복의 순간은 과대포장일 뿐 즉석식품처럼 영양가가 없다. 아이들은 모범을 보고 배운다. 딸의 '예쁘게' 웃는 셀카 중독을 고치고 싶다면 당신이 먼저 시작해야 한다. 관점을 바꿔 자발적으로 진정한 아름다움의 제자가 되어보라.

사진 전시회나 미술관을 찾아가 보자. '온갖' 사람을 그린 인물화도 좋지만, 풍경화에도 관심을 기울여 보자. 색과 형태와 비율을 느껴보고, 눈으로 보고 마음으로 느낀 점을 글로 옮겨보자. 시대에 따라 '아름다움'을 다르게 해석하는 여러 미술 양식도 공부해 보자. 언젠가는 세상이 완전히 새롭게 보일 것이다. 그동안 보지 못했던 풍요로운 세상이 눈과 마음을 한가득 채울 것이다. 억지로 입꼬리를 올리고 사진 찍느라 미처 보지 못하고 경험하지 못했던 그 아름다운 세상에서 영감과 행복을 얻어보자.

》 배우자가 세상을 떠난 뒤로 수목장에 안치했지만 잘 찾아지질 않는다. 자주 안 가다 보니 마음도 멀어지는 기분이다.

묘지는 재회를 상징하는 장소이다. 죽은 배우자의 묘지를 찾아간다는 것은 여전히 살아 있는 사람인 양 그를 보러 가는 일과 같다. 비록 슬픔의 공간일지라도, 우리는 그곳을 아름다운 장소로 만들 수 있다. 나무에 작은 꽃과 사진을 매달아 예쁘게 꾸며보자. 신이나 내세를 믿지 않아도, 환생이 없다고 생각해도 괜찮다. 영혼이 있다고 확신하지는 못하지만, 그렇다고 영혼이 없다는 확실한 증거도 없지 않은가. 그러니 영혼이 있다면 그의 영혼도 당신의 영혼과 똑같이 아름답고 선하며 진실한 것으로 위안받고 싶어 할 것이다. 묘지의 가치는 크다. 그곳은 삶과 죽음이 화해하는 공간이자, 마음껏 슬퍼하고 아름다운 과거를 추억할 수 있는 미적이고 윤리적인 장소이다.

⑪ 우리에겐 삶을 사랑할 권리가 있다
참여에 관하여

의무와 규칙의 사슬을 끊을 때,
우리는 가장 혁신적인 모습이 된다.
힘을 빼고, 정직하게, 인간적으로,
완전히 달라질 수가 있다.

나에게 소속감이란 어떤 의미일까?

•
•

선은 취향의 문제가 아니다. 스타일의 문제다. 타인과 자신의 존엄성을 존중하는 훌륭한 스타일을 키우면, 우리의 인간적 잠재력을 활용하고 확장할 수 있다. 형식과 내용, 무엇을 하고 어떻게 할지를 잘 조화시키면, 아무리 위기가 닥쳐도 인생을 무난히 살아갈 수 있다. 형식이 없다면 우리 존재와 여정은 우연의 변덕에 휘둘리는 외로운 마라톤이 되고 말 것이다. 반대로 내용이 없다면 목적이나 방향이 사라질 터이다. 일상이 엉망이 될 땐 그 무엇보다도 태도가 중요하다. 책임감 있는 사람이라면 스타일을 가꿔 나갈 의무가 있다. 아니 자발적으로 팔 걷어붙이고 그 의무를 짊어질 일이다.

이런 확신으로 삶을 살아낸 용감한 세 여성이 있다. 윤리적이고 기적인 감각으로 고통스러운 현실에 맞서며, 불의와 부자유와 비겁함을 세상에 알리고 끝까지 투쟁했던 이들, 바로 시몬 베유Simone Weil, 한나 아렌트Hannah Arendt, 수전 손택Susan Sontag이 그 주인공이다. 이들이 살았던 20세기는 제2차 세계대전을 비롯해 수많은 반인도주의 범죄가 저질러진 시대였다. 그러나 지금이라고 다르지 않다. "이제 전쟁은 그만!"이라는 모두의 간절한 바람이 우리 시대에도 다시 무너지고 있다. 더구나 지금의 다중 위기와 도전을 고려할 때 과거를 되돌아보는 시간은 더욱 중요할 터이다.

철학자였던 시몬 베유와 한나 아렌트, 문화비평가였던 수전 손택은 비범한 인물이었다. 물론 그들이라고 해서 완벽한 성자는 아니었겠으나, 분명 타협을 모르는, 온 마음을 다해 저항한 혁명가였다. 세 여성 모두 선을 위해 많은 것을, 정말로 많은 것을 걸었다. 그들의 결정을 누구나 이해할 수도 없을 테고 모두가 모범으로 삼지도 않을 것이다. 그래도 (아니, 그러기에 더욱더) 그들에게서 배울 점은 참으로 많다. 무엇보다 태도는 도덕적 완벽함보다 규범의 거부에서 나온다는 사실을 배울 수 있을 것이다.

시몬 베유: 타인의 고통을 외면하지 않는다

철학자, 신비주의자, 활동가였던 시몬 베유는 프랑스 유대인 명문가의 딸이었다. 1917년 여성으로는 최초로 파리 명문 사범대학인 에콜 노르말 슈페리외르에 입학 허가를 받았고, 그곳에서 공부를 마친 후 교사가 되었다. 하지만 그녀는 대학에서 배운 지적 이론들이 현실과 너무 동떨어져 있다고 생각했다. 따라서 산업화에 희생당한 사람들 곁에서 직접 그들의 삶을 함께 경험해 보고 싶었다.

타고난 체질이 허약해서 늘 골골댔지만, 노동자들과 함께하기 위해 그녀는 활동가로 나섰다. 스물다섯 살에는 금속, 전기, 자동차 공장에 미숙련 노동자로 취업해 1년 동안 정말로 뼈 빠지게 일했다. 그러면서 자동화가 노동자를 어떻게 바보로 만드는지, 즉 피곤함에 젖은 순응적 인간으로 만드는지를 몸소 깨달았다. 그럴수록 더더욱 잔혹한 노동 세계가 몰고 온 고통을 명확히 인식해야 할 필요성을 느꼈다.

그녀의 실험은 많은 것을 가르쳐 줬다. 몸이 견딜 수 없을 만큼 노동에 시달리면 저항할 힘조차 남지 않는다는 사실을 온몸으로 터득했으니 말이다. 실제로 이 경험은 이후의 삶에 많은 영향을 미쳤다.

불가지론자로 자란 시몬은 여러 종교를 접한 후 기독교 신비주의자가 되었지만, 힌두교와 불교의 교리에도 깊은 관심을 보였다. 제2차 세계대전이 발발하자 그녀는 영국으로 건너가 프랑스 반파시즘 운동 조직에 협력했다. 고통과 폭력, 죽음과 함께 글쓰기는 평생의 동반자였다. 에세이와 논문을 여럿 발표했지만, 살아생전에 큰 호응을 얻지는 못했다. 그래도 편지, 일기, 성찰을 통한 쉼 없는 스토아적 글쓰기 훈련은 그녀 삶을 지탱한 버팀목이었다. 글을 쓰며 일상생활을 예리하게 관찰하는 습관은 그녀가 실천한 이웃사랑의 가장 중요한 부분이었다. 윤리적 의무로서의 이웃사랑이자, 고통스러운 인류의 무력함을 실제로 극복해 살아가고 생존할 수 있는 유일한 방법으로서의 이웃사랑이었다.

그녀는 신을 굳게 믿었지만, 그것만으로는 아돌프 히틀러와 나치를 이길 수 없음을 누구보다 잘 알았다. 그래서 결핵을 앓는 허약한 몸에도 불구하고, 간호사를 전선에 파견해 프랑스 군인을 지원하자는 계획을 세웠다. 단순히 부상병을 돌보는 차원을 넘어 실제로 그들과 함께 투쟁하자는 계획이었다. 기독교적인 태도만으로도 무력을 무찌를 수 있다는 듯 말이다.

그녀는 열 명으로 출발해도 충분히 히틀러의 거짓 선전을

까발릴 수 있다고 주장했다. "이 부대는 어쩔 수 없이 종교의 정신에서 출발한다. 그러나 특정 교회에 소속되었다는 의미는 아니다. 명확히 정의하기는 힘들지만, 이밖에는 달리 부를 말이 없다는 의미에서 종교적이다." 그녀는 '전선 간호사 부대 계획서'에 이렇게 적었다. 시몬 베유는 1943년 런던 병원에서 영양실조로 숨을 거두었다. 그녀는 선의 광신도였을까? 아무려나 시대를 증언하고 저항하겠다던 그녀의 무조건적 의지는 우리에게 마땅히 고민해야 할 중요한 질문들을 던진다.

- 나는 너무 내 안에 갇혀 있는 것은 아닐까?
   내 생활방식에 너무 집착하고 있는 것은 아닐까?
- 내게 소속감이란 무엇을 뜻하는가?
- 지금 나는 타인을 위해 누구에게, 무엇에 저항해야 하는가?

한나 아렌트: 모두가 외면하는 곳을 들여다보다

한나 아렌트는 시몬 베유와 마찬가지로 현실과 거리가 먼 사상을, 의로운 척하는 지식인들의 위선을 거부했다. 독일에서 태어난 유대인인 그녀는 '악의 평범성'이라는 말을 세상에 유행시킨 철학자이자 정치이론가다. 하노버에서 보낸 학창 시절부터 한나는 올곧은 태도로 유명했다. 한 번은 수업 도중 선생님이 인종차별적 발언을 하자, 가방을 싸서 집으로 돌아와 항의 편지를 썼다. 이렇듯 불의를 보면 절대 외면하거나 참지 않는 성정 때문에 그녀는 열다섯 살에 퇴학당했지만, 독학으로 공부해 대학 자격시험을 통과했다.

1933년 히틀러가 권력을 장악했다. 남편은 곧바로 파리로 떠났지만, 한나는 일단 독일에 남아 어려운 이들을 보살폈다. 자신의 베를린 집을 정치망명객들의 숙소로 내놓았고, 국립도서관에서는 유대인을 증오하는 나치의 선동 자료를 조사하다 잠시 구금되기도 했다. 이후 그녀는 뉴욕으로 떠났고, 그곳에서 훗날 교수가 되었다. 전쟁 중에는 난민 구호 활동에 힘쓰며 독일로 구호품을 보내기도 했다.

1961년에 그녀는 기자 자격으로 예루살렘으로 건너가서 SS 친위대 장교였던 아돌프 아이히만의 재판을 참관했다. 한나는 '지극히 평범한' 그 무서운 행위를 이해하고 싶었고, 그것에 '악의 평범성'이라는 이름을 붙였다. 그 행위는 누구도 저지르지 않았기에 가장 나쁜 형태의 악이다. 생각 없이 행동하고, 자신이 했거나 하지 않은 행동을 기억하지 못하는 자는 존재하지 않기 때문이다. 그 행동을 저지른 인간은 없는 셈이다. 그는 "그 누구도 아니다." 물론 그렇다고 해서 그에게 책임이 없는 것은 아니다.

한나 아렌트는 이런 평범하고 생각 없는 악을 전 세계로 퍼져 나가는 버섯에 비유했다. 그런 악은 버섯처럼 뿌리가 없고 '래디컬하지 않다'(라틴어 radicalis는 '뿌리가 달렸다'는 뜻이다). 그 일을 저지른 사람은 고민 없이 혼자 저질렀고, 기억이 나도 그냥 무시해 버렸다. 자신이 아무도 아닌 사람처럼 말이다. '존재하지' 않는 자는 생각도 하지 않는 법이다.

그녀의 주장에 사방에서 비난이 쏟아졌다. 사람들은 그녀가 '악의 평범성'이라는 말로 나치 범죄를 별일 아닌 것처럼 축소한다고 비난했다. 그러나 시간이 많이 흐른 후, 포퓰리즘 논쟁 과정에서 그녀가 재발견되었다. 독일인들은 그녀를 자유와 다원성의 사상가로 재평가했고, 그녀의 정직함과 용기에 찬사를 보냈다. 더불어 전체주의 권력, 이데올로기의 위험을 다룬 그녀의 방대한 저서들도 집중 조명을 받았다. 한나 아렌트는 순응적이고 소비적이며 일에 중독된 현대 사회에서 정치적 협력과 대화를 확산하기 위해 우리더러 자신에게 비판적 질문을 던지라고 촉구한다.

- 비록 나와 관련이 없더라도 (크건 작건) 사회적 폐해에 더욱 관심을 기울이기 위해 나는 어떻게 해야 할까?
- 나는 이기적으로 생각하는 사람일까?
- 나는 자발적으로 책임 있게 행동하는가? 아니면 어쩔 수 없이 책임을 떠안는가?

수전 손택: 존재와 가상을 구분하다

뉴욕에서 태어난 수전 손택(원래 성은 로젠블랫)은 앞의 두 여성과 마찬가지로 현실 순응을 날카롭게 비판한 에세이 작가이자 활동가였다. 그녀 또한 많은 글을 쓰고 남겼다. 손택은 참 위태롭게 살았다. 줄담배를 피워댔고, (일찍이 명성을 얻었음에도, 아니 오히려 그랬기에 더욱) 글을 더 많이 쓰려고 각성제 암페타민을 털어먹었다. 대학을 졸업하고 처음 사회에 발을 내디뎠을 때만 해도 그녀는 문화비평가로서 지적 자기실현을 추구하며 자신이 좋아하는 주제에만 관심을 기울였다.

하지만 1960년대와 70대를 거치면서 현실과 미학, 윤리학의 갈등에 눈길을 돌리기 시작했고, 특히 다큐멘터리 사진에 주목했다. 그녀는 그런 사진이 현실을 바꿀 수 있고 현실의 모순을 까발릴 수 있다고 생각했다. 다만 이런 사진의 물성은 현실이 아니면서도 우리가 인지하고픈 이상으로 현실적이라는 데 문제가 있다고 생각했다. 그로 인해 무비판적인 관찰자에게는 사진이 (진짜건 가짜건 상관없이) 너무도 현실적이어서, 그 존재감과 작용력으로 관찰자를 압도하며, 무력하고 우둔하게 만들 수 있다는 것이다.

1992년은 수전 손택의 인생을 크게 바꾼 해였다. 그녀는 편안한 뉴요커의 삶을 버리고 전쟁 중인 보스니아로 달려갔다. 점령당한 사라예보에서 반전과 예술을 외치는 영화제가 열리고 있었다. 수전은 사진으로만 보던 현실을 직접 눈으로 보고 깨닫고 싶었고, 그 후로도 기회가 될 때마다 사라예보로 향했다. 총 열한 번이었다. 그렇게 그곳에서 절망과 가난과 죽음의 증인이 되었다. 사라예보는 그녀가 평생 떠나지 못한 장소였다. 현실과 모사, 윤리학과 미학, 권력과 무력 등 그녀 인생의 주제가 모두 한데 도인 장소였다.

그녀는 태어나 처음으로 자신의 정신적 발전과 곤계없는 일에 매진했다. 글쓰기와 자아실현에 쏟던 열정은 이제 철저한 윤리적 참여로 물길을 틀었다. 수전은 '제노사이드 Genocide (집단학살을 뜻하는 그리스어로서 고의적으로 혹은 제도적으로 민족, 종족, 인종, 종교 집단의 전체나 일부를 제거하는 일을 가리킨다—옮

213

긴이)'라는 말을 공개적으로 처음 사용한 최초의 국제 스타였다. 보스니아 전쟁에 무심한 서구 엘리트들, 특히 돈 많고 배부른 서구 작가들에 대한 비판도 함께 이어졌다.

목숨을 걸고 참상을 알리고 사람들의 관심을 촉구하는 것, 그 일이 이제 수전 손택의 '뉴 노멀'이 되었다. 1993년 보스니아 수도의 한 극장에서, 전기가 들어오지 않아 촛불을 켠 채로 그녀가 연출한 사무엘 베케트의 부조리극 〈고도를 기다리며〉가 공연되었다. 수전은 예술을 무기로 삼아 전 세계에 알리고 싶었다. 사라예보에는 중세 수준의 야만적 폭력만 난무하는 것이 아니라 문화생활도 계속된다는, 아니 계속되어야 한다는 사실을 말이다. 그녀는 우리에게 이런 질문을 던진다.

- 무엇이 실제로 진짜인가?
- 가짜 이미지의 세상에서 어떻게 진짜를 지킬 수 있을까?
- 내가 수단과 방법을 총동원해 저항하지 않고는 못 배길 만큼 견디기 힘든 고통이 있는 곳은 어디인가?

시몬 베유, 한나 아렌트, 수전 손택처럼 사유하기

∴

훌륭한 스타일이란 태도를 드러내는 것이다. 멋진 스타일은 '아무래도 좋다'의 반대다. 그 스타일을 내 것으로 만드는 길은 두 가지다. 자발적으로 훈련을 하거나, 선행을 하지 않을 수 없게 만드는 극적인 사건을 겪거나.

시몬 베유, 한나 아렌트, 수전 손택이 살고 활동하던 시대는 지금과 전혀 다르지만, 유사점도 있다. 순응과 무관심과 비겁함은 불의와 폭력 그리고 전쟁과 마찬가지로 인간 사회를 떠나지 않는 일상의 상수이다. 그러나 이 말은 악의 평범성을 부술 수 있는 평범한 선어도 해당한다. 회색 시멘트 옆에서 땅을 뚫고 솟아오른 노란 민들레처럼.

선을 위한 참여가 스타일의 문제라면 굳어진 규칙과 규정은 중요하지 않다. 참여는 (관습에 따르는) 약속처럼 꼭 지켜야 할 의무는 아니다. 그러나 특정 상황, 특정 시대에는 사람들이 당신에게 참여를 기대할 수 있으며, 스스로에게도 마찬가지다. 당신은 한 인간이기에, 그러니까 남들과 더불어 존재를 드러내며 살아가는 생명체이기 때문이다. 모든 위기는 참여를 통해 '자아'보다 더 중요한 공동체를 무기력에서 벗어나게 할 기회다.

"참여하라!" 프랑스 레지스탕스이자 외교관이었던 스테판 에셀 Stéphane Hessel은 12년 전 유럽의 젊은 세대에게 이렇게 외쳤다. 지금도 '미래를 위한 금요일 Fridays for Future'을 비롯한 여러 청년 운동이 이어지고 있다. 나태한 어른들의 무기력을 극복하기 위해 수많은 청소년이 환경을 보호하는 일에 엄청난 시간과 에너지를 투자한다. 이들은 절대 구세대의 '가치'에 의문 없이 순응하지 않는다. 자기들 영향력을 적극 활용해 기후 위기와 전쟁, 이민의 상관관계를 끊임없이 상기시킨다. 또한 별도의 초대장이 없어도 우리 어른들이 나서서 평화와 기회균등, 환경을 위해 애써주기를 기대한다. 당신과 내가 태도를 보여주기를 바라는 것이다.

✻

>> 집 근처 난민 캠프에서 봉사하고 싶지만, 도무지 시간이 나질 않는다. 게다가 다 자란 아들과 딸은 채식과 뚜벅이 운동에 푹 빠져 당신에게 연신 자동차를 타지 말고 채식을 하라고 채근한다.

이래저래 죄책감의 연속이다. 봉사를 못 해서 죄책감이 들고, 고기를 먹고 자동차를 몰고 다닌다는 이유로 죄책감이 든다. 그러나 죄책감은 변화에 아무런 도움이 안 된다. 오히려 인간을 무기력하게 만들 뿐이다. 태도를 보여주고 싶다면 껍데기를 깨고 나와야 한다. 앞서 읽었던 시몬 베유의 사회적 실험을 떠올려 보자. 시몬이 당시 미숙련 노동자의 역할을 떠안았듯, 당신도 지금 과감히 아이들과 역할을 바꿔볼 수 있다. 함께 있을 때 당신은 아들이나 딸이 되어보고, 아이들은 당신이 되어보는 것이다.

당신이 아들이나 딸이라면 기후 문제에 대해 어떤 이야기를 할 것이며, 어떤 논리와 감정 또는 행동을 보이겠는가? 이렇듯 처지를 바꿔 생각해 보면 상대의 마음에 더 깊이 공감할 수 있을 것이다. 또한 부담감 탓에 추상적으로만 다가오던 공동체의 목표를 더 구체적으로 이해함으로써 공동체에 대한 소속감도 커질 것이다. 그렇게 차츰차츰 태도가 확고해지면, 직장의 과도한 근로 시간에 항의할 용기도 생길 것이고, 머지않아 시간을 내어 난민캠프의 문을 두드릴 수 있게 될 것이다.

》 이번 연봉협상에서 모든 부서원의 연봉이 올랐는데, 딱 한 사람, 친절하고 능력 있는 아프가니스탄 난민 출신의 여성 동료만 아무 이유 없이 연봉이 동결되었다. 또 탕비실에 모인 부서원들은 약간 뚱뚱한 여성 동료의 험담을 늘어놓는다. 그녀가 통용되는 매력 기준에 맞지 않는다는 이유에서이다.

갑자기 여기저기에서 '다양성'이 입에 오르내리지만, 아직 우리 기업들에서는 차이의 인정, 임금 평등, 인간성이 기업문화로 자리 잡지 못했다. 당신이 설명한 상황은 윤리적으로 용납될 수 없다. 한나 아렌트를 떠올려 보자. 고개 돌리지 말고 더 자세히 들여다보자. 악의 평범성을 키워내는 싹은 모두가 '정상'이라 생각하는 일상의 작은 잔혹함에도 숨어 있다. 남들이 듣지 않는 장소에서 피해자인 동료와 이야기를 나눠보자. 노조에 연락해 면담 일정을 잡자. 상사와 동료들에게 차별 문제를 제기해 그들의 관심을 일깨우자.

》얼마 전부터 조카가 우크라이나 군대에 자원해 입대할지 고민 중이다. 당신은 2023년 아카데미 4개 부문을 석권한 리메이크 반전 영화 〈서부전선 이상 없다〉를 보고 나서 조카에게 그 영화를 권하려고 한다. 그런 영화를 보면 조카가 마음을 돌릴 수 있지 않을까?

나는 그 질문 자체가 틀렸다고 생각한다. 당신은 조카가 '참여'라 생각하는 행동을 못 하도록 막으려 애쓴다. 그렇다면 일단 자신에게 물어보자. "내게 참여란 어떤 의미인가? 나는 조카를 무엇으로부터 보호하려 하는가? 왜 나는 그의 의도를 받아들이고 존중하지 못하는가?"

일단 조카와 조용히 토론해 볼 것을 권한다. 시몬 베유, 한나 아렌트, 수전 손택이 남긴 중요한 질문들을 그와 차분히 이야기해 보라고 말이다. 아마 수전 손택에게 이 이야기를 들려준다면 '반전 영화' 같은 건 없다고 딱 잘라 말했을 것이다. 전쟁의 참상을 담은 모든 영화는 참상을 어느 정도 미화하게 된다. 전쟁 이미지는 명확한 계몽적 메시지("전쟁은 나쁘다")를 전달하지 않는다. 오히려 상반된, 이중적 효과를 불러낸다. 즉 포르노처럼 충격을 줄 수도, 감각을 무디게 만들 수도 있다. 평화를 위해 힘을 불태우게 할 수도 있지만 열광하며 전선으로 달려가게 만들 수도 있는 것이다.

스프레차투라:
무심한 듯 유연하게 나만의 '스타일'로

스타일은 취향과 태도의 조합이다. 태어날 때부터 스타일을 완벽하게 갖춘 사람은 없다. 그래서 교육이 필요하다. 평범한 '마음 교육'이 말이다. 한 사람이 무엇을 경험하고, 그 경험에서 무엇을 배우며, 그것을 어떻게 전달하느냐에 따라 그의 스타일에 대한 인식이 '형성된다.'

    스타일은 우연과 운명에 휘둘리지 않겠다는 각오의 외적·내적 표현이다. '확고한 스타일'은 배울 수 있다. 유행과 사회 규범을 생각 없이 따르지 않는, 습관적인 작은 일탈을 통해 배울 수 있다. 적절한 비순응주의는 스타일을 갖춘 인간성에 내주는 면허증이다. 악에 빠지기 쉬운 공허한 무리의 생각에 저항하는 영혼과 정신의 태도이다.

  살면서 가장 중요한 배움 중 하나는 자기 삶이 중요하다는 경험이다. 이 삶이 서서히 더 행복해질지 불행해질지는 당신이 무엇을 하느냐에 달려 있지만, 동시에 그 행동을 어떻게 하느냐에도 달려 있다. 타인과의 관계에서건 혼자 있을 때건, 선의 평범성은 당신에게 큰 것을 바라지 않는다. 그저 자신의 인간적 능력을 인식하고 그 능력을 펼쳐나갈 공간을 확보하라 요구할 뿐이다.

그 공간은 어디인가?
- 나의 마음
- 길에서, 사무실에서, 부엌에서, 공항에서
- 다른 생명체가 있는 곳이면 어디든지

  모든 인간은 영원한 변화 과정에 있다. 삶은 어떤 일을 하거나 하지 않음으로써 그 사람이 자신을 만들어 가는 방식대로 그를 형성한다. 그가 어떤 사람이 되었는지는 삶의 끝자락에 이르러서야 알 수 있다. 오래 못 보다가 어느 날 문득 만난 사람은 소설 같다. 그 소설의 제목은 "하나도 안 변했어"이거나 "못 알아볼 뻔했어", 둘 중 하나다. 그러니 당신이 써나갈 소설이 얼마나 훌륭할지는, 변화해 가는 당신의 방식에 달려 있다.

스타일은 유행을 초월한다

유행은 얼굴, 몸, 삶처럼 늘 바뀐다. 이 모든 변화를 견디고 남는 것은 무엇일까? 바로 '순간'이다. 현재는 늘 여기에 있고 사라지지 않는다. 지정학적 권력 이동, 인공지능 혁명, 장기전 같은 거대한 변화 과정은 당신이 막을 수 없다. 노화의 점진적 진행에도 당신은 거의 영향을 미칠 수 없다. 그러나 우리에게는 (역설적이게도) 자신의 스타일을 고수하면서 이 변화의 강물을 우아하게 함께 헤엄쳐 갈 능력이 있다.

위기를 겪으면서도 웃음을 잃지 않고 해마다 베란다에 꽃을 심는다면, 그것만으로도 당신은 자신과 타인에게 선행을 베풀 수 있다. 인간성의 스타일은 유행을 타지 않는다. 당신 말과 몸짓, 혼란스러운 일상에 부여하는 당신의 스타일에서 인간성은 드러난다. 스타일은 세상 모든 언어를 알고 모든 유행을 알면서도 선별적이다. 그것은 자유로운 선택이며, 삶을 더 아름답고 단순하게 만들어 주는 표현 방식이다. 요즘엔 남성이라 해서 여성이 들어올 때까지 문을 잡고 있어야 할 의무는 없다.

하지만 그것이 당신의 스타일이면 그렇게 해도 좋다. 여성이라도 뒤따라오는 사람을 위해 문을 잡아줄 수 있다. 의무는 아니지만, 상대를 존중하고 배려한다면 자연스레 문을 잡아줄 수 있고, 공동의 순간을 창조할 수 있다. 순간은 언제라도 (의외의) 즐거운 경험으로 만들 수 있다.

스타일은 거친 말과 행동을 멈춘다

갓 태어난 아기는 모든 게 부드럽다. 연약하고 가볍고 유연하다. 하지만 나이가 들고, 세상에 따귀를 맞고 배신을 당하면서 우리는 서서히 이 부드러움을 잃어간다. 스타일은 자연과 문명이 어우러져, 원래의 부드러움을 잃지 않도록 도와준다. 스타일을 갖추고 사람을 대한다는 것은 그의 부드러움을 알아차리는 일이다. 스타일은 일상의 무기를 포기한다. 분노, 멸시, 안달, 오만을 버린다. 말과 행동으로 드러나는 스타일은 우리 안의 공격성을 바람에 날려 보낼 수 있다.

공항에서 탑승 수속을 밟으려니 줄이 어마어마하다. 도무지 줄어들지 않는 대기 줄에 서서 당신은 하염없이 기다린다. 마침내 당신 차례가 되고, 화가 나지만 불평하지 않는다. 스타일이 확고하기에, 수속 절차를 처리하느라 최선을 다하는 항공사 직원의 노고를 진심으로 인정한다. 세상에 당연한 것은 없다. 그렇기에 당신은 그녀의 노력에 감사한다(따지고 보면 이 하염없는 줄이 그녀 탓인 것도 아니다). 당신은 심장이 가리키는 길을 걸어 군중이나 시스템이 아닌 개인을 바라본다. 스타일을 갖춘 관계는 선의 이상을 지향하는 공동의 공간을 만든다. 그런 관계는 모든 이의 마음에서 최고의 결과를 끌어낼 수 있다. 이해의 문화, 세상 일부에나마 '질서'를 되돌려주는 공감 넘치는 외교의 이상을 실현할 수 있다.

스타일은 아름다움을 찬미한다

추하고 혼란스러운 상황에 아름다움을 선사하려는 의지는 매일매일 무력감을 이긴다. 스타일은 혼란을 받아들이지 않는다. 아니, 열정을 다해 혼란에 저항한다. 당신이 매일 아침 이불을 개는 것은 "감사합니다" "죄송합니다"라고 말하거나 생일을 맞은 친구에게 축하 인사를 건네는 것처럼 평범한 일이다. 하지만 바로 그 평범한 순간에 아름다운 마음의 비밀이 담겨 있다. 스타일은 무관심을 무찌른다. 그 무엇도 상관없지 않다. 당신이 이불을 개는 것과 개지 않는 것은, 아무래도 괜찮은 일이 아니다. 혼자 살아도 괜찮지 않다. 혼자 살아도 늘 자신과는 함께 산다. 세상 모든 타인과 똑같이 존중하고 배려해야 할 사람과 함께 산다.

아름다움은 주관적 취향의 문제만이 아니다. '진짜 취향'은 특정한 넥타이나 머리핀을 고르는 데서 그치지 않는다. 무엇보다도 인간성과 도덕적 문화로 입증되는 것이다. 스타일 넘치는 태도는 '아름답다'. 이 세상에는 유익하고 무익한 것, 재미나고 지겨운 것만 존재하는 것은 아니라는 사실을 보여준다. 스타일이 '진선미의 합일'이라는 약속을 전하기 때문이다. 모든 행복과 불화를 견디고 어떤 장애가 있어도 실현될 수 있는 느린 행복의 약속을 전하기 때문이다.

스타일은 다르다

순응주의는 정신과 영혼을 죽이는 독이다. 규범과 관습, 해야 할 일에 자동으로 순응하다 보면 어느새 생명력은 시들고 만다. '유연성'이라는 이상에도 생각 없이 순응하는 태도는 세상을 더 나은 곳으로 만들지 못한다. 순응을 위한 순응은 새로운 관점을 가리는 검은 안경과 같다. 스타일은 이런 상상력 없는 순응에 저항한다. 조용히, 신중하게, 재치 있게. 스타일은 소유가 아니라 존재를 깨달을 때 생겨난다. 옷과 언어, 동작과 표정의 스타일은 지금의 당신, 앞으로의 당신을 밖으로 드러낸다.

당신은 매사를 무겁게만 생각하고 무엇이든 문제로만 받아들이며 호기심을 잃고 마음을 꽁꽁 닫아걸어 아무것도 배우지 못하는 사람인가? 아니면 부정적인 일에도 긍정적인 면이 있고, 어둠이 지나면 날이 밝는다는 사실을 경험으로 배웠기에 힘든 일도 남들과는 달리 '가볍게' 받아들일 줄 아는 사람인가?

'스프레차투라sprezzatura'(아무리 어려운 일이라도 무척 쉬운 일처럼 해내는 것—옮긴이)로 일상을 스타일 있게 가꿔 나가보자. 이탈리아 외교관 발다사레 카스틸리오네Baldassare Castiglione가 사용한 이 말은, 독일 기자이자 작가인 케르스텐 크니프Kersten Knipp가 《우아함의 발명Die Erfindung der Eleganz》에서 설명했듯 '무심함'과 '쉬움'을 뜻한다. 즉, 자신을 과하게 드러내지 않고 필요 이상으로 진지해지지 않는 당당함이다.

여유 있게, 쿨하게, 무심한 듯 시크하게 '의무'와 규칙의 사슬을 끊을 때, 당신은 가장 혁신적인 모습이 된다. 당신도, 나도, 우리 모두 완전히 달라질 수 있다. 힘을 빼고 정직하게, 인간적으로 달라질 수 있다.

스타일은 용기다

인생의 거의 모든 문제는 훈련이다. 말하기, 노래하기, 공부하기, 일하기, 사랑하기…… 그 모두가 정성을 다한 훈련과 대담한 실험이 필요하다. 살면서 입증해야 할 것, 아니 더 정확하게 말하면 입증해 보이고 싶은 것도 바로 '용기'다. 용기 있다는 말은 태도를 보인다는 뜻이다. 그리고 태도는 앞서 말했듯 훌륭한 스타일의 핵심이다. 가상이 실재보다 더 소중하고 몸짓이 정신보다 더 값어치 높은 세상에서, 모든 용기는 고민 끝에 나온 태도로 시작된다. 그래야 자신에게 충실할 수 있다. 그렇지 않다면 자신이 무엇이었고 어떻게 살아왔는지, 지금은 어떤 사람이며 앞으로 어떠한 사람이 되고자 하는지를 망각한다. 스스로 스타일 있고 용기 있으려면, 자신이 했거나 하지 않았던 행동, 자신이 하고자 했거나 그렇지 않았던 행동을 늘 기억해야 한다. 그것이 평범한 선이다. 직장에서나 개인적으로나 도덕적으로 우월한 척하려고 양심 없이 거짓을 이용하는 짓은 평범한 악의 일부이다.

당신이나 나 우리 모두에게 완벽한 용기의 모범이 필요한 것은 아니다. 우리에게 필요한 것은, 외려 거짓에는 한 톨의 정직도 없음을 보여주는 사례들이다. 당신은 용감할 수 있지만, 여전히 틀릴 수도 있다. 선과 행복이 그러하듯 용기는 도그마dogma(의심하거나 질문하지 않고 절대적 진리처럼 받아들이는 신념이나 주장—옮긴이)가 아니다. 시간과 장소가 중요하다. 진리를 마주하는, 용기와 선은 항상 '헛되지 않다'는 사실을 깨닫는 한 사람 한 사람의 개인적 능력과 가능성이 소중하다.

4부

참을 수 없는 존재의
가벼움을 위하여

12 현존에서 무위까지

의미에 관하여

우리는 스스로 선택한 적 없는,
타인의 가치관과 의미로 가득 차 있다.

_테리 이글턴

'자기 결정'으로 이룬 삶은 어떤 모습일까?

:

우리가 왜 태어나고 죽는지는 아무도 모른다. 당신은 이 세상에 무엇을 하러 왔는지 자문한 적이 있는가? 구름을 보다가 사랑에 빠지고 계약서에 사인하고 비행기를 타고 포장지 쓰레기에 짜증을 내고 고양이를 쓰다듬는, 이 모든 일이 초현실적으로 느껴진 때가 있었는가? 세상만사가 궁금한 타고난 철학자나 사색가가 아니어도, 누구나 살면서 한 번쯤은 그런 질문을 던져봤을 터이다. 어느 날 통화를 마치고 또 다른 통화를 준비하다가, 혹은 아침 출근길 전철역으로 걸어가다가 느닷없이 마주했을 것이다. 답이 따라오지 않는 이 거대한 물음표를 말이다.

알다시피 인간은 생명의 의미를 고민할 수 있는 유일한 생명체다. 그러나 우리가 이른바 만물의 영장이라고 해서 "삶의 의미가 무엇인가?"라는 질문이 꼭 정당한 것은 아니다. 완전히 틀린 질문, 무의미한 질문일 수도 있다. 어쨌든 한 가지는 분명하다. 의미를 캐려는 질문은 현실에 대한 우리의 평가와 관련이 있다. 이 질문은 현실에 대한 기대와 실제 일어나거나 일어나지 않는 일 사이의 차이에서 생겨난다. 문득 눈물이 흐르거나 웃음보가 터져 멈출 수 없을 때는 이 차이가 번개처럼 머릿속을 스치고 지나갔을지도 모른다.

이 세상에서 의미와 행복을 추구하는 존재라는 사실 말고도, 당신이 호랑이나 애벌레와 다른 점은 더 있다. 호랑이는 천적을 두려워하지만, 내일을 걱정하지 않는다. 멧돼지는 유한한 생명 탓에 불안에 떨지 않으며, 어떤 상황을 부조리하게 느끼지도 않고 힘든 상황이 잘 풀리기를 바라지도 않는다. 왜일까? 우리처럼 비교할 수 있는 자아의식이 없기 때문이다. 당신은 멧돼지와 달리 자기성찰이 가능하다. 자신의 마음을 들여다보고 '자아'와 '나'의 대화를 이어갈 수 있다. 그리고 그건 분명 좋은 일이다. 자기성찰은 지금까지 살아온 길을 비판적으로 되돌아본 뒤, 그 길을 계속 갈지 아니면 다른 길을 택할지 결정하도록 돕는다.

삶의 의미를 고민할지, 고민한다면 얼마나 자주 할지는 당연히 당신이 속한 문화권의 특성과도 깊이 관련된 문제다. 종교적인 문화권에서 산다면 삶의 의미는 내세어 가서야 윤곽이 드러날 신의 의도와 포괄적 계획의 필수 요소이다. 그러나 세속적인 문화에서 산다면 삶의 의미를 판단하는 기준은 그저 주관적 바람과 욕망의 성취 여부일 터이다.

자본주의 현대 사회에서는 '어디서 어떻게 의미를 찾을지'가 오직 개인의 사안이요 '문제'다. 그 의미마저도 당신간의 것이다. 그 의미를 정해줄 의무적인 전통이나 세계관도 없고, 종교나 정치적 권위도 없다. 두엇을 의미 있다고 생각할지는 스스로 찾아 결정해야 한다. 그리고 그 결정은 대부분은 한 번으로 그치지 않는다. 당신은 자신의 의미를 찾았다가도 놓아버리거나 잃어버릴 수 있고 또다시 찾을 수 있다.

- 나는 무엇을 위해 사는가?
- 나는 어쩌다 지금의 내가 되었을까?
- 나는 자신을 잘못 생각했거나 실망한 적이 있는가?
- 어떻게 해야 내가 바라는 사람이 될까?
- 나의 주관적 관점은 (항상) 옳고 바른가?

- 삶은 내게 어떤 질문을 던지고, 나는 그 질문에 답하기 위해 무엇을 하는가?
- 유한한 내 생명을 어떻게 대처해야 할까?
- 내게 행복은 어떤 의미이며 또 어떤 의미여야 하는가?

당신이 삶의 어느 지점에 있는지, 또 몇 살인지에 따라 대답은 달라질 수 있다. 이렇듯 세월이 가고 상황이 변하면서 당신의 의미도 달라진다면, 결국 인생의 의미는 여럿일 것이다. 그 여러 의미는 차례차례 나타나거나 나란히 손을 잡고 있을 것이다. 따라서 당신이 삶의 의미를 일에서 찾는다고 해서 사랑이나 자연, 혹은 초콜릿 한 줌에서 의미를 찾지 말라는 법은 없다.

*

지금 당장 단 하나의 의미만 선택해야 한다면, 당신은 무엇을 고르겠는가? 세 살짜리 꼬마는 노을보다 초콜릿을 더 좋아할 것이다. 세 살 꼬마의 선택이 서른 살, 쉰 살, 아흔여덟 살의 의미와 다르다면 이전에 골랐던 삶의 의미는 어떻게 되는 걸까? 당신이 예전보다 더 똑똑하고 더 성찰하는 사람이 되었다고 해서 뒤를 돌아보며 과거의 의미를 무시한다면 과거의 자신에게 부당한 짓이다. 하지만 과거의 의미와 오늘의 의미를 무조건 합친다고 해서 '전체 의미'를 계산해 낼 수는 없다. 삶의 의미는 인간의 존재가 그러하듯 수학 문제처럼 계산되는 것이 아니다. 삶에는 '정답'이 없다

아예 답이 없을 수도 있다. 당신의 의미를 묻는 물음에도, 삶 자체의 의미를 묻는 물음에도 답이 없을 수 있다. 어쩌면 다 무의미할지도 모른다. 그저 우연이거나 시뮬레이션일지도 모른다. 어쩌면 우리는 '우리'와 '우리의 의미'를 쉬지 않고 다시 프로그래밍하는 인공지능의 생산물일지도 모른다.

물론 이조차 하나의 가설에 불과하다. 하지만 왜 그런 생각들이 우리 머릿속을 맴도는 걸까? 고대와 현대 신화는 왜 존재할까? 호머에서 라라 크로프트에 이르기까지 온갖 버전의 영웅 이야기들은 왜 있는 걸까? 이 모두는 생존에 필요할지 모를 유익한 허구이다. 계속해서 더 찾아보라고 우리를 자극하고 독려하는 허구들이다. 우리 과거, 우리가 살아온 방식을 거듭 되돌아보게 하며, 그 안에서 새로운 의미를 끌어내도록 자극하는 허구들이다.

당신이 어디에서 의미를 찾건 그것은 개인의 사안이다. 하지만 그런 큰 문제에 대한 대답이 고작 초콜릿이라면, (능력 있

는) 당신이라면 이상하다는 생각이 들 것이다. 왜 그럴까? 당신의 대답이 너무 구체적이기 때문이다. 초콜릿은 "나 뭐 가져가는 게 좋을까?" 같은 구체적 질문에나 어울릴 법한 대답이다. 그렇다면 뭔지는 몰라도 다른 대답보다 '더 정답'처럼 느껴지는 대답이 의미라는 질문에는 존재하는 듯하다.

이는 의미 또한 행복처럼 주관적 취향의 문제로만 축소할 수 없음을 다시금 보여준다. 문예학자 테리 이글턴Terry Eagleton의 말대로 "우리는 타인의 가치관과 의미로 가득 차 있다. 우리가 스스로 고른 적 없으니, 자신과 세상을 이해하는 우리 틀을 짜는 그런 의미 말이다." 당신과 나는 이 세상에서 혼자 살지 않는다. 어머니와 아버지가 존재하고, 우리를 에워싼 수많은 사람이 존재한다. 또 우리를 키우고, 우리를 만든 (허약하나마) 전통과 경험들이 있다.

부모와 조부모만 우리를 앞질러 살았던 게 아니다. 우리와 그들보다 훨씬 더 오래전부터 우주는 존재해 왔다. 세상은 늘 하늘처럼 여기에 있었고 지금도 여기에 있다. 그러나 그 이유를 우리는 알지 못한다. 당신도 그 이유를 모를 뿐만 아니라 수많은 다른 것들도 알지 못하고 이해하지 못한다. 그러니 체념할 이유도 있지 않은가? 당신이 매일 저항해도 나쁜 일과 악한 일은 일어났고 계속해서 일어나고 있으니, 비관주의에 빠질 수도 있을 것이다. 당신은 아르투어 쇼펜하우어Arthur Schopenhauer의 방식대로 비관적인 기본 태도를 선택할 수도 있다. 이 철학자는 이해할 수 없고 혼란스러운 세계를 무자비한 의지의 전능함으로 설명했다. 아무런 의미와 목적 없이 자신을 재생산하기 위해 그저 맹목적으로 '현실'을 불러내는, 일종의 무형식의 역동적 원칙으로 말이다.

삶은 인간이 지닌 상상력의 한계를 언제나 뛰어넘기에 어디서나 부조리와 무의미를 찾아내는 비관주의는 안타깝게도 상당히 독단적이다. 정반대의 짝꿍인 낙관주의도 똑같이 독단적이다. 벽에 커다란 물 자국이 생겼는데도 세상만사를 좋게, 긍정적으로, 의미 있게 생각하려는 마음에서 환호성을 지르며 우주에 감사를 전한다면, 그것은 그저 이데올로기적 미화일 뿐이다. 그런 태도 또한 좀 우습지 않은가?

삶 자체의 의미는 우주 전체의 존재가 그러하듯 미스터리다. 인간 존재를 생각해서 우주를 설계한 신이나 다른 힘이 없다 해도, 우주의 질서와 법칙과 균형과 아름다움은 (수많은 물음표가 있다고 해도, 아니 오히려 그 물음표로 인해) 숨이 막힌다. 죽음이 새 삶으로 이어지고 겨울이 가면 봄이 오다니, 숨이 막힌다. 온갖 증오에도 이 세상에 그토록 많은 사랑이 존재하다니, 숨이 막힌다. 그 누구도 의미라는 질문 자체가 무의미하다는 것을 입증할 수 없다. 역시나 의미란 그저 우리가 머리를 쥐어뜯으며 고민하기 때문에 있는 것이라는 증거도 없다. 의미를 '알고자' 하는 것은 어쩌면 의미 없을지 몰라도, 의미의 존재를 믿는 것은 분명한 의미가 있다. 나는 의미가 주관적인 것만은 절대 아니라고 믿는다. 의미는 객관적 가치로서도 이 세상에 존재한다. 부풀어 오르고 늘어나며, 인간이 이 지구를 떠난 후에도 오래오래 계속해서 존재할 행복이 그러하듯이.

※

빠른 행복과 느린 행복이 있듯 빠른 의미와 느린 의미가 있다. "아하!" 하는 깨달음의 경험은 빨리 왔다 빨리 간다. 반면 햇살 내리쬐는 산을 가만히 바라보는 시간은 시각적 능력을 넘어 감정과 생각의 왕국으로 퍼져 나가며 평생토록 여운이 남을 수 있는 과정이다. 느린 의미는 느린 행복이다. 둘 다 배울 수 있고 훈련할 수 있다. 둘 다 살아가고 느끼고 행동하는 윤리적 방식이기 때문이다. 둘 다 강요 없이 가볍게 기회가 될 때마다 선행하는 태도에 바탕을 두고 있기 때문이다. 의미와 행복이 하나라는 사실을 깨닫는 순간은 복잡한 출퇴근 시간이 아니다. 차 안이나 공원 벤치, 소파에 앉아 자신의 마음을 들여다볼 때, 그 깨달음은 찾아온다. 고요하고 아주 기분 좋게 서두르지 않고 차를 마실 수 있는 마치 당신만의 작은 찻집인 듯 같다. 그곳에서는 아무리 이상한 생각도, 아무리 특이한 감정도, 모두 시간과 공간이 허락한다.

'지금'이 의미 없게 느껴지는 순간일 수 있다. 그 순간에 당신이 압도당하거나 사로잡혀 있다는 기분이 들 때면 그렇다. 그러나 당신이 관심을 기울여 천천히 의미로 채워가는 순간일 수도 있다. 그 안에서 새로운 대답을 찾는 그런 순간 말이다.

의미를 찾는 것은 의미 없지만
믿는 것은 의미 있다

⋮

정확한 루틴과 확신 또는 역할과 권위가 흔들리거나 갑자기 사라질 때, 아마 가장 큰 물음표가 떠오를 것이다. 전쟁이 터지거나 파산하거나 큰 병에 걸리면, 존재 전체가 의심스러워진다. 만사가 의심스럽고 절망적일 터이다. 하지만 역설적으로 위기는 의미(당신의 의미와 삶의 의미 자체)를 어떻게 찾을 수 있는지 가르쳐 주는 멋진 표지판이 되기도 한다.

　스위스 철학자 페터 비에리Peter Bieri는 의미란 '자기 결정'에 달려 있다고 말한다. 분명 당신은 자유롭게 생각하고 느끼고 행동하길 원할 터이다. 누군가 나서서 당신을 억압하거나 감독하고 조종하려 들면 참지 않을 터이다. 그러나 동시에 당신의 독립이 공동체의 맥락에서만 가치 있다는 사실도 잘 알 것이다. 당신의 바람과 관심을 아무도 존중해 주지 않고 인정하거나 소중히 여기지 않는다면, 그게 다 무슨 소용이겠는가? 이 세상에 혼자 살아가고 생존할 수 있는 사람은 없으니, 의미 찾기란 더욱 불가능하다. 그것은 스스로 결정한 함께하기에서만 가능하다.

비에리는 또한 의미가 진실성에 달려 있다고 말한다. 특히 위기가 닥쳤을 때 깨닫게 된다. 오래오래 자신을 속이고 기만할 수는 없다는 것을 말이다. 자신을 믿고 의지할 수 없다면, 자기기만과 부정직함에 기울어 있다면 타인과의 관계는 어려워진다. 질투나 이기심, 남의 불행을 고소해하거나 남을 미워하는 나쁜 마음을 스스로 인정하면, 수많은 작은 일상의 범죄가 크게 자라지 못하도록 막을 수 있다.

삶은 넓디넓은 바다와 같다. 흔들리는 작은 보트에 나침반 없이 올랐다가는 금방 방향을 잃는다. 적당히 튼튼하고 기동력도 있으면서 다른 사람들도 탈 수 있을 만큼 넉넉한 배를 타고 바다로 나가야만 안전하다. 이 여행은 어떻게 끝날까? 어디에서? 배가 뒤집히지 않으리란 보장은 없다. 그럼 어떻게 해야 할까? 구명조끼를 꺼내 입으면 된다. 이런 데에 인간 존재의 스릴이 있다. 당신도 나도, 그 누구도 무엇이 다가올지 알지 못한다. 그러나 우리가 함께 진실하게 스스로 결정하며 보내는 인생의 모든 순간은 무의미와 착각과 꼼수의 세상에서 의미가 무엇인지 짐작하게 해준다. 느린 의미가 윤리적 삶의 방식이라면 어쩌면 그냥 이 삶 자체에 의미가 있을지도 모른다. 삶의 의미란 윤리적으로 선하게 살아가는 데 있다. 어쩌면 그것이 우리가 얻을 수 있는 최고의 답일지도 모른다.

*

》 당신은 사는 게 너무 고단하다. 일정은 빡빡하고 출장은 잦으며 휴가는 부족하다. 시간은 쏜살같이 흐른다. 이런 삶에 과연 어떤 의미가 있을까?

노자는 '무위無爲'를 말한다. 무위란 단순히 '아무것도 하지 않는다'는 뜻이 아니다. 자연의 흐름에 순응하며, 최소한의 노력으로 최대의 효과를 얻는 지혜다. 지금 당신에게 필요한 건 바로 이런 지혜다. 진부하게 들릴지 모르지만, 힘을 덜 들일수록 존재는 한결 가벼워진다. 너무 애쓰며 버티지 말자. 일정 한두 개쯤 취소하고 (필요하다면 병가를 내고) 그 시간을 이용해 자신의 마음을 들여다보자. 타인의 기대에 부응하려 애쓰지 말고 자기 삶에 책임감을 느끼자.

위의 질문을 자신에게 던져보자. 비록 열차가 당신을 태우지 않은 채 출발했다라도 받아들이려 노력하자. 오래전부터 보고 싶었던 친구를 찾아가 보자. '무위'의 지혜를 다른 상황에도 적용해 보자. 그리고 이렇게 물어보자. "여기서 더 노력한다고 해서 얼마나 많은 것을 얻을 수 있을까?" "나와 그리고 타인과 보내는 시간이 진짜 의미 있는 선물이 아니었을까?"

》 행운의 여신이 당신에게 미소 지었다. 그래서 지금 당신은 인맥도 대단하고, 의미의 선택지가 많아도 너무 많다. 당신은 두바이로 날아갈 수도 있고, 시골에 칩거할 수도 있으며, 온종일 집에서 뒹굴뒹굴해도 된다. 그런데 그 어떤 선택지에서도 진정한 삶의 의미를 발견할 수는 없다.

너무 많은 길이 있다는 것이 오히려 당신의 길을 가는 데 방해가 된다. 여기서 내가 말하는 당신의 길이란 당신의 에고가 제일 좋아하는 길은 아니다. 당신의 삶과 타인의 삶을 의미와 행복으로 채우기 위해 당신이 걸어갈 수 있는 길을 뜻한다. 석

달 정도 시간을 내어 교도소나 무료급식소에서 봉사활동을 해보는 건 어떨까? 워낙 인맥이 넓으니 그중 누군가는 분명 당신을 의미 있는 활동으로 이끌어 줄 것이다.

'의미 있다'는 말은 당신이 진정으로 살게 하는 일을 뜻한다. 너무 오래 고민하지 말자. 그냥 하자. 성찰의 과정은 행동에 뛰어드는 동안 자연스럽게 따라온다. 뭐든 해보고 뭐든 살아보자. 자기 삶을 주관의 망루에서 떨어져 분석할 수 없듯, 현재 입장에서는 의미와 행복을 '발견'할 수 없다. 선택지는 선택지로 두고 선을 택할 때, 의미와 행복 둘 다 생겨날 것이다.

》 당신은 폭삭 망했고 마음도 바닥을 친다. 이런 상황에서 새로운 의미를 찾는 일이 무슨 도움이 될까?

모든 위기^{crisis}(그리스어 krinein은 '구분하다'는 뜻이다)는 (더 나은) 이전과 (재앙인) 나중의 차이를 드러낸다. 상황에 관한 자신의 평가에 휘둘리지 말자. 과거의 삶에 담긴 의미에 작별을 고하자. 의식적으로 놓아버린 가능성과 가로막혔던 꿈을 애도하자. 위기 속엔 기회가 있다. 망상과 자기기만에 작별을 고할 기회다.

자연으로 걸어가 보자. 풀과 나무, 꽃의 아름다움을 깨닫고 당신 또한 태어나 살다 죽는 자연의 일부라는 사실을 인정하자. 모든 생명은 위력에 처할 수 있음을 깨닫자. 무슨 일이 일어날지 아무도 모른다. 태풍이 불 수도 있고, 쓰나미가 밀려올 수도 있다. 혹은 해가 쨍쨍 날 수도 있다. 모두가 가능한 일이다. 당신은 자신과 타인이 가르쳐 준 새길을 걸으며 타인을 향해 가면서 새 의미를 찾을 수 있다. 아주 천천히. 중요한 것은 당신이 움직이고 있다는 사실이다. 삶은 움직임이고, 좋은 삶이 곧 의미다.

⑬ 죽음은 준결승일 뿐
사랑에 관하여

●
죽음은 삶의 반대가 아니다.
삶은 '아직 존재하지 않음'과
'더는 존재하지 않음'의 연속체로서,
죽음도 삶의 일부이다.

삶도 벅찬데 왜 죽음의 의미까지 캐물어야 할까?

∙
∙

내일이라도 당신은 로또에 당첨될 수 있고, 한눈에 사랑에 빠질 수도 있다. 혹은 트럭에 치일 수도 있다. 거의 모든 일이 가능하다. 삶은 긴장과 스릴의 연속이며…… 극도로 불확실하기 때문이다. 확실한 것은 단 하나, 당신도 죽는다는 사실이다. 모든 인간은 죽는다. 그런데 이 명확한 사실이 음흉하게 느껴지는 이유는, 죽음이 엄청난 불확실성을 동반하기 때문이다. 우리는 언젠가 죽는다는 사실을 알고 있다. 하지만 언제, 어떻게 죽을지는 모른다. 정말 고약하지 않은가! 앞으로 70년, 30년, 10년을 더 살 거라고 예상할 수는 있지만 그럴 보장은 없다. 삶이 이토록 현실적이면서도 비현실적으로 느껴지는 이유이다.

'죽음'이란 무엇을 의미할까? 서기 3000년, 가상 세계를 집이라 여기는 시대가 되면 인간에게 죽음이라는 단어는 이해되지 않을지도 모른다. 그러나 지금 우리에게는 무조건 모르는 척 외면하고 싶은 말이다. 죽음이라는 단어에는 금기의 기운이 서려 있기 때문이다. '죽음'은 고속으로 돌아가는 우리의 하이테크 일정을 방해한다. 목표와 결말을 향하는 우리 시스템에서 앞으로 달려가지 못하게 발목을 잡는다. "뭐? 고모할머니가 돌아가셨다고? 장례식에 참석하라고? 하필이면 지금?" "안 그래도 일이 많아서 바빠 죽을 것 같은데, 또 하나의 짐을 추가로 짊어지라고?"

죽음은 절대 당신의 시간표에 딱 들어맞지 않는다. 미리 알리고 오건 갑작스럽게 오건, 미친 듯한 속도로 달려오건 아주 천천히 오건, 죽음은 그저 오고 싶을 때 온다. 고모할머니가 돌아가실 수도 있고, 제일 친한 친구가 죽을 수도 있다. 부모님이 연로해져 당신 도움이 필요할 수도 있고, 당신이나 가족이 죽을병에 걸릴 수도 있다. 언젠가는 그렇게 된다. 그러면 이 불청객이 당신을 찾아와 초인종을 누를 터이다. 그러고는 당신 마음에 떡하니 자리를 차지하고서 도통 떠나지 않는다. 한번 일상으로 불쑥 들어온 '죽음'은 좀처럼 떠나지 않고 거기 머문다.

일종의 와이파이 신호처럼 쉬지 않고 메시지를 전송한다. 너무도 강렬해서 엄청난 소음마저 파묻어 버릴 그런 거창한 메시지들을 전송한다.

- 정신 차려!
- 시간을 아껴!
- 잘 살아!
- 네가 다음 차례가 될 수도 있어!
- 그러니 살아!

죽음. 우리는 그 말을 듣는 순간 귀를 닫고 싶어진다. 느려지고, 허약해지고, 병에 걸리고, 결국 죽는다. 이 모두가 있어서는 안 될 일이며, 병원에 맡겨야 할 일이고, '합리화로 처리할' 일이다. 죽음은 집단 차별과 억압의 대상이다. 죽음의 동생이라 할 수 있는 잠처럼 외면받는 대상이다. 만족을 모르는 사회는 잠도 노화도 용납하지 않는다. 하루 5시간 30분의 수면은 신분의 상징이지만 8시간 수면은 낙인처럼 여겨진다. 그래서 우리는 지쳐 머리를 노트북에 찧을 때까지 잠을 줄인다. 다크서클은 보정하면 되고, 후드티 하나 걸치면 '섹시, 프레시, 헬시sexy, fresh, heathy'해 보인다. 그렇게 세월은 흐르고 우리는 계산서를 마주하게 된다. 수면 부족은 노화를 불러온다. 무릎, 추간판, 관절에 문제가 생겼다고 인정하는 순간, 당장 직장에서 잘릴지도 모른다. 병든 몸은 가동을 멈춘다. 능력만 따지는 우리 사회, 젊음에 미친 우리 사회는 노인의 경험과 지혜를 완전히 무시한다. 하지만 그 지혜를 존중할 줄 모르는 사람은 삶도 죽음도 이해하지 못한 것이다.

- 무엇 하러 의미를 묻는가?
- 삶의 의미만으로 충분하지 않을까?
- 왜 굳이 죽음의 의미까지 캐묻는가?

삶은 복잡하다. 당신이 바라는 대로 흘러가는 경우는 거의 없다. 그러나 삶이 고달프다고 멈춰 세우고 중간에 내릴 수는 없다. 얼마나 오래 지속될지는 알 수 없지만, 그 모든 시간은 자신과 더불어 (자기 몸, 마음, 생각, 기분과 더불어) 견디는 방법밖에 없다. 그리고 그 이유만으로도 이미 삶의 의미가 궁금해진다. 그러나 죽음은 전혀 다른 것 같다. 모두가 죽음을 궁금해하지 않고 최대한 멀리 떠밀어 버리려 한다. 암묵적인 사회적 합의를 거쳐 죽음을 차별하고 무시하는데 뭐 하러 굳이 그것에게 이름을 붙이겠는가?

나는 이런 전제부터가 잘못되었다고 생각한다. 우리 문화권에서는 삶과 죽음을 서로 배척하는 반대 개념으로 여긴다. 인간은 살아 있거나 죽었거나 둘 중 하나다. 그것으로 끝이다. 그러나 실제 삶에는 대립 개념이 없다. 삶은 곧 변화다. 아무리 자주 소멸한다 해도 삶은 존재한다. 죽음은 삶의 반대가 아니다. 오히려 태어나고 죽는 과정이 더 대립적이다. 비슷하게 고통스럽고 또 비슷하게 오래 이어진다. 반면 삶의 성질은 전혀 다르다. 삶은 '아직 존재하지 않음'과 '더는 존재하지 않음'을 잇는 연속체이며, 인간과 동물, 식물 각각의 존재를 넘어 영원히 계속된다. 우리는 우주의 작디작은 먼지에 불과하다. 그러나 삶은 모든 것을 포괄한다. 죽음도 삶의 일부이다.

※

누군가가 죽는다. 당신이 잘 아는 한 사람이 세상을 뜬다. 마음으로도 머리로도 납득할 수 없는 그 사실에 당신은 그제야 저항한다. 그러나 이 순간, 당신이 그 문제를 손아귀에 넣으려 하지 않는 그 순간, 당신 마음에서 변화가 일어난다. 지금까지의 기대와 습관과 '확신'을 놓아버릴 각오를 하자마자 당신은 다른 눈으로 죽음을 바라볼 수 있게 된다. 삶을 바라보는 시각도 바뀐다. 당신은 허둥대던 발걸음을 멈춘다. 통제할 수 없는 것을 통제하려는 노력도 멈춘다. 온종일 흘깃대던 시계를 더는 바라보지 않는다. 대신, 당신은 마음을 들여다본다. 그리고 죽음이 당신 삶에 깊이와 색깔을 선사한다는 사실을 깨닫는다. 당신이 죽음을 삶의 일부로 받아들인다면 말이다.

온 세상이 빨갛다면 빨강은 존재하지 않을 것이다. 우리는 그 색을 그 자체로 인식하지 못할 것이다. 빨강이 자기만의 특별한 성질을 펼치려면 파랑, 초록, 노랑, 보라 같은 색이 필요하다. 당신 삶도 꼭 그와 같다. 당신이 불멸이라면 어떻게 당신 존재가 특별하다고 여기겠는가? 당신 삶은 상실과 이별로 가득하다. 휴가, 스트레스, 젊음, 그 모두가 유한하다. 당신이 가진 그 무엇도 붙들어 둘 수 없다. 결국 당신은 모든 소유를 떠나보내게 될 것이다. 그러나 당신은 한때 가졌던 것들의 총합이 아니다. 당신은 모든 상실을 끌어다 모은 집합체도 아니다. 한 인간의 죽음은 우주 축구 경기의 준결승에 불과하다. 결승전은 온 세상이 끝나기 직전에야 시작된다. 그때가 되면 삶은 더는 존재하지 않을 것이다. 게임은 영원히 끝나게 된다.

준결승전에서는 과거와 미래가 대결한다. 언뜻 보기에는 과거가 더 강한 팀 같지만, 미래가 반격해 계속 공을 낚아챈다. 우주의 축구 경기는 동일한 한 사람에게서 진행된다. 죽어가는 모든 사람은 가장 나이 어린 젊은이이자 가장 나이 많은 늙은이다. 가장 나이가 많은 이유는 실제 나이와 관계없이 그에게는 이제 (이 삶에서는) 남은 미래가 거의 없기 때문이다. 가장 젊은 이유는 그에게는 만사가 '시작점'에 서 있기 때문이다. 이제 저승에서 그의 새 삶이 시작될까? 어쩌면 그렇고, 어쩌면 아닐지도 모른다. 전혀 알 수 없는 것, 어두운 것, 너무도 많은 절망과 분노와 슬픔을 불러일으키지만 삶을 가장 환하게 빛나게 만들 힘도 있는 것, 그것이 죽음이다. 지구가 끝나지 않는 동안에는 또 생명체가 태어나고 죽는 동안에는, 우주 축구 경기의 준결승은 계속될 것이다.

- 내가 살았나? 끌려 살았나?
- 내 삶에는 어떤 의미가 있었을까?
- 후손을 위해 나는 무엇을 했을까?
- 결국 진짜 중요한 것은 무엇일까?
- 무엇이 진정으로 중요한가?

살아 있는 우리는 의미 있는 삶을, 적어도 의미 있게 살기 위한 노력을 절대 멈춰서는 안 된다. 또한 삶에 의미가 있고 그 의미가 선이라면, 잘 사는 삶이 느린 행복이라면, 죽음이 삶의 반대가 아니라 삶과 내적으로 연결되어 있다면, 죽음에도 의미가 있어야 한다. 죽어가는 사람이 있는 그곳, 살아 있는 '관중'에 둘러싸여 과거와 미래가 대결하는 준결승전에서는 모든 질문에 대한 답이 손에 잡힐 듯 가까워 보인다. 그 대답은 바로 사랑이다. "모두가 언젠가는 죽는다는 사실을 마주하며 같은 인간을 향해 느끼는 인간의 사랑이 아니라면, 과연 죽음의 의미는 어디에 있단 말인가?" 호주의 호스피스 간호사인 브로니 웨어Bronnie Ware는 《내가 원하는 삶을 살았더라면》에서 그렇게 묻는다.

당신의 삶은 나의 삶처럼 너무도 덧없다. 앞으로 닥쳐올 우리의 죽음은 명확한 사실이다. 외면하거나 부정해 봤자 아무 소득이 없다. 진실에서 도망쳐 봤자 마음은 갈피를 잡지 못하고 계속해서 기분 전환할 거리를 찾아다닐 것이며, 영원히 젊어야 한다는 그릇된 생각에서 헤어나지 못할 것이다. 노인이 다가올 죽음을 외면하면 삶의 방향을 잃게 된다. 노인을 비웃고 멸시하는 젊은이는 세상사를 모르는 철부지다. 나이를 불문하고 우리는 모두 죽음을 받아들여야 한다.

　더불어 이 세상에는 내가 어찌할 수 없는 것, 내가 속수무책인 것이 있다는 사실도 받아들여야 한다. 나중에 하겠다고 미루지 말고 지금 당장 그렇게 해야 한다. 죽음이 초인종을 누를 때 우리는 준비되어 있어야 한다. 삶이 우리 모두에게 내준 가장 중요한 숙제다. 그 숙제를 열심히 하면 반드시 보람이 있다. 덧없고 유한한 삶을 받아들이면, 우리가 없어도 삶은 계속될 것이며 그러기에 우리는 후손에게 책임감을 느껴야 한다는 사실도 깨달을 것이다. 사랑은 우리가 남길 가장 중요한 유산이다. 과거와 미래, 이전과 이후, 젊음과 늙음을 이어주는 가장 튼튼한 끈이다. 사랑이 우리 모두에게 호흡처럼 자연스러워진다면, 우리도 언젠가 의미 찾기의 결승전에 진출할 수 있을 것이다.

　삶은 존재한다. 그리고 삶은 현재다. 젊은이에게도, 중년에게도, 노인에게도 그러하다. 모두의 시선이 서로 맞닿는 지점, 뒤를 보는 시선과 앞을 향한 시선이 서로 맞닿는 지점이 현재다. 뒷마당의 나무ー 어떤 이에게는 기나긴 추억의 이야기를 들려주지만, 또 어떤 이에게는 자전거를 세워두거나 친구를 만나기에 완벽한 장소일 수 있다. 그 모든 시선이 한데로 모일 때, 비로소 활기찬 현재가 탄생하고, 모든 과거와 미래의 가능성이

통합된다. 노인을 향한 청년의 사랑은 아직 이해하지 못하고 납득하지 못한 것을 향한 존경에서 나온다. 청년을 향한 노인의 사랑은 바꿀 수 없는 것을 받아들이겠다는 의지이자, 미래를 향한 욕망을 입증한다. 그들 다음에 올 삶, 자신이 떠난 후에도 계속될 삶을 향하여.

자기 앞의 생이 끝나갈 때
남아 있는 것들

:

인간은 쉬지 않고 변하는 존재다. 몸도 마음도 정신도 늘 변한다. 하지만 그 깨달음 하나만으로는 자신의 유한성을 쉽사리 받아들일 수 없다. 그것이 선행의 동기가 되지도 않는다. 그러나 사랑하는 사람을 잃었다면, 아마 당신은 이미 죽음의 의미를 깨달았을 것이다. 물론 아직도 죽음의 의미를 제대로 깨닫지 못했을 수도 있다. 혹은 너무 힘들고 지쳐서 더는 사랑할 힘조차 남아 있지 않을 수도 있다. 그래도 당신은 책임감 있는 인간이기에, 아마 사랑할 힘이 다시 깨어나리라는 믿음을 절대 버리지 않을 것이다. 책임이란 사랑과 아주 밀접한 관계가 있으니 말이다.

책임은 사랑의 중요한 부분이다. 사랑을 그저 아름다운 감정으로 국한하고 낭만적인 사랑이나 모성애를 떠올린다면, 당신은 너무 순진한 사람일지도 모른다. 사랑은 단순한 감정을 훨씬 뛰어넘는다. 사랑은 쉬지 않고 새로운 에너지를 방출하며 비전 있는 행동을 독려하는 능력이다. 이 지구가 앞으로 얼마나 더 존재할지는 누구도 확실히 말할 수 없다. 하지만 우리가 떠나도 인류는 계속 살아남으리라는 희망만으로도 아직 태어나지 않은 후손을 떠올리며 근시안적이고 이기적인 (소비) 결정을 내리지 않고 빠듯한 시간을 봉사활동에 할애할 윤리적 이유는 충분하다.

환경보호, 난민 구조, 성폭행 방지 등의 분야에서 봉사활동에 참여한다면 당신은 그저 만인의 삶의 의미에 이바지하는 것으로 그치지 않는다. 그것은 당신이 죽음의 의미를 깨달았다는 증거이기도 하다. 자기 삶의 일부를 모르는 제삼자의 행복한 삶을 위해 몇 알의 씨앗을 뿌리는 데 투자하기 때문이다. 당신이 앞으로도 영원히 만날 일 없는 (앞으로 태어날지 아닐지도 모르는) 생명체에게 사랑을 선사하기 때문이다. 당신이 지금 우리말을 가르치는 젊은 난민들이 아이를 낳기도 전에 당신이 먼저 세상을 떠날지도 모른다. 설사 그렇다고 해도 지금 당신이 선사하는 사랑과 책임은 당신의 존재를 넘어 계속 이어질 것이다.

누군가에게 조언과 위로 또는 금전적 도움으로 선행을 베풀 수 있다. 하지만 우리가 할 수 있는 일은 돈에만 그치지 않는다. 스코틀랜드 출신 윤리학자 윌리엄 맥어스킬William MacAskill의 주장처럼, 우리는 현재와 미래 인간의 윤리적 평등을 의식하며 행동할 수 있다. 당신은 동시대를 살아가는 사람들이나 자신에게 그치지 않고, 미래에 올 후손들에게도 선행을 베풀 수 있다. 태어나고 죽으며 끝없이 교체되는 인류를 생각할 때 사랑이란 책임감 있는 성인으로서 만인의 미래에 이바지한다는 뜻이다. 젊은이가 자기 길을 가도록 돕고, 노인이 존중받고 안심하며 살 수 있게 한다는 뜻이다.

※

» 석 달 전, 당신은 중증 만성 질환 진단을 받았다. 그로 인해 지금은 직장도 다닐 수 없는 처지이며, 앞으로는 영영 '정상적인' 생활을 할 수 없다는 사실을 도무지 받아들일 수 없다.

그래도 포기하지 말자. 바꿀 수 없는 일을 받아들일 수 없다 해도 꾸준히 훈련하자. 그것조차 어렵다면, 상황을 받아들일 수 없다는 사실을 받아들이려 노력하자. 일주일 동안 매일 시간을 내어 명상해 보자.

첫째 날, 빈 종이를 꺼내 한가운데에 붉은 점을 찍는다. 그 점 주위로 간격을 달리해 검은 원을 그리고, 그 안에 과거의 직업, 병 때문에 달라진 인간관계, 현재 상황으로 인한 고통스러운 문제들을 하나씩 적어보자. 붉은 점은 삶을 상징한다. 당신과 지금 존재하는 모든 것을 상징한다. 점과 원의 간격은 그 안에 적은 내용이 자신에게 어떤 의미가 있는지를 나타낸다.

둘째 날, 다시 빈 종이 한 장을 꺼내 어제와 똑같이 점과 원을 그린다. 다만 한가운데 찍는 점은 조금 더 크게 그리고, 원은 조금 더 작게 그린다. 매일 같은 방식으로 이 훈련을 되풀이한다. 일곱째 날이 되면 종이 한가운데에는 거대한 붉은 공이, 그 주변으로는 자잘한 작은 점들이 찍혀 있을 것이다. 그 공은 모든 것을 포괄하는 생명이며, 그 점은 당신이 여전히 받아들이지 못하는 것이다. 매일 조금씩 더 내려놓을 수 있다면 당신은 살고, 살아남고, 계속 살아가며, 행복하게 살 수 있을 것이다. 받아들일 수 없는 것이 아주 작은 점으로 줄어들 때까지, 삶이 다시 반짝이기 시작할 때까지, 모든 상실과 분노와 슬픔을 뒤덮고 찬란하게 빛날 때까지.

》 마음은 아직 서른인데 내년이면 벌써 퇴직이다. 하루아침에 '중요하지' 않은 사람, 쓸모없는 인간이 되어 커다란 집에 온종일 혼자 있을 생각을 하니 벌써 머리가 지끈거린다.

당신만 그런 게 아니다. 마음은 아직 청춘이건만 아침마다 거울에 비치는 얼굴에는 주름이 가득하다. 나이가 들면 우리는 대부분 얼굴과 마음의 불일치에 상심하고 괴로워진다. 당신에게는 굴욕적으로 느껴질지 몰라도, 연금 체계는 그런 우리 기분을 전혀 고려하지 않는다. 당신이 실제로 얼마나 능력 있고 창의적이고 혁신적인 사람인지 아무런 관심이 없다.

다행히 당신의 능력에 아직 관심을 보이는 사람은 충분하다. 누군가에게 필요한 사람이 되고 싶은가? 밖에는 싼 집을 구하러 다니는 대학생들이 넘쳐난다. 그들에게 당신 집의 남는 방을 적당한 가격에 세놓는 건 어떨까? 완벽한 윈윈 게임이 될 것이다. 학생들은 공부에 집중할 수 있고, 당신은 텅 빈 집에서 외롭게 지내지 않아도 된다. 당신 집에는 생명과 사랑이 넘쳐날 것이다. 당신은 미래 세대와 책임감 있는 대화를 나눌 수 있고, 자신의 전문지식을 공짜로 나누거나, 다른 봉사활동으로 이어지는 연결고리를 찾을 수도 있을 것이다.

» 당신은 열아홉 살 청춘이지만 죽음이 너무 두렵다. 머지않아 세상은 전염병과 홍수, 태풍 같은 재난들과 맞서 싸워야 할지도 모른다.

수많은 연구 결과가 보여주듯, 당신의 공포는 전혀 근거 없는 게 아니다. 그래도 아직 거기까지는 이르지 않았다. 중요한 것은 기후재앙이 언제 닥칠지가 아니라 지금 당신이 어떻게 살아가고 있느냐이다. 죽음의 공포를 이기고 싶다면 사랑하라! 배우자나 친구, 가족만이 아니다. 당신보다 훨씬 일찍 세상을 떠날 이들에게도 사랑과 책임감을 전하자. 양로원 봉사활동에 참여해 보자. 그곳의 할머니, 할아버지와 함께 산책도 하고 노래도 불러보자. 그들이 들려주는 오래전 이야기에 귀 기울여 보자. 당신이 먼저 시간과 관심을 선사하자. 인간에 대한 사랑. 그것이 죽음의 공포를 크게 줄여줄 테니까 말이다.

⑭ 낙관론자와 비관론자의 대화

시간에 관하여

- 아무리 오래전 일이라 해도,
미소와 포옹은
영혼에 자국을 남긴다.

최악을 예상하며
최선을 바랄 수 있을까?

⁖

무섭고 걱정되고 정신이 산란한 지금, 당신은 어떻게 선행을 할 수 있을까? 윤리적으로 선한 순간을 살기가 참 힘들 때가 많다. 그러고 싶은 마음은 있는데 그럴 수가 없다. 특정한 확신이 훼방을 놓기도 한다. 낙관주의나 비관주의로 기울게 하는, 그런 신념들 말이다. 낙관주의자는 아무리 어두운 상황이라도 모조리 장밋빛으로 덧칠하려 든다. 환한 웃음을 날리며 자신을 물론 주변 사람들까지 긍정적 사고로 이끌려 한다. 반면, 비관주의자는 세상만사를 최대한 검게 바라보며, 어디서건 불행을 찾아내려는 성향이 강하다. 둘 다 순간을 살 수 없다. 둘 다 순간을 깨닫고, 있는 그대로의 현실을 활용할 수 없다.

설명을 위해 가상의 대화를 하나 만들어 보았다. 낙관주의자 역할은 토크쇼의 여왕 오프라 윈프리가 맡는다. 비관주의자 역할은 가장 유명한 현대 비관주의 철학자 중 한 사람인 아르투어 쇼펜하우어에게 돌아간다.

오프라는 양쪽 귀에 휴대전화를 한 대씩 대고, 자신의 저택 테라스에 서서 카메라 팀의 설치 작업을 감독하고 있다. 캘리포니아 여름의 무더위 탓에 그녀의 얼굴엔 땀방울이 맺히지만, 늘 그렇듯 긍정적인 오프라는 티를 내지 않는다. 그때 인터뷰 게스트가 피곤한 기색으로 절룩이며 걸어온다.

오프라 (환하게 웃으며) 어서 와요, 아르투어!
아르투어 (한참 재채기를 하더니) 뭐야? 아주 편안해서 죽게 생긴 이 요상한 바구니 의자에 앉으라고요?
오프라 (공감한다는 듯) 맞아요. 아르투어. 그 말이 딱 맞네요.
아르투어 (하품을 늘어지게 하면서 의자에 털썩 앉는다) 더워 죽겠네. 얼마나 이야기해야 해요?
오프라 (맞은편에 앉으며 대본을 정돈한다) 자, 벌써 첫 질문 나갑니다. 철학자신데, 행복이 무엇인가요?

아르투어 의미 없는 질문이요. **인생은 원래 즐기려고 사는 게 아니라 극복하고 처리하려고 사는 거지.** 한 마디 덧붙이자면, **고통 없고 따분하지 않으면 그걸로 지상의 행복은 달성된 거요. 나머지는 다 가짜거든.**

오프라 행복은 영적 각성이 아닌가요?

아르투어 (불만의 표정으로) 뭔 헛소리. **지나치게 어두운 눈으로 이 세상을 일종의 지옥으로 바라보면서 그곳에 불에 타지 않는 방을 만들 생각만 하면 훨씬 덜 방황할 거요.**

오프라 어디서 많이 듣던 말인데……

아르투어 (눈을 반짝이며) 내 《인생론》 읽었어요?

오프라 아, 들어는 봤어요. 배우 비올라 데이비스Viola Davis의 전기 한 번 읽어보세요. 자신을 찾는 것이 진정한 행복이라는 이야기예요. (카메라를 정면으로 바라보며) 수용과 성취의 추구과정을 너무나도 솔직하게 담고 있는 아주 건설적인 책이지요.

아르투어 (경멸하듯) 말도 안 돼. 아까도 말했듯 행복은 거짓이요. 신기루라고요. 낙관주의에 젖어 이런 깨달음을 무시하는 것이 수많은 불행의 원천이지.

오프라 아이고, 아르투어, 당신은 아직 깨우치지 못했을 뿐이에요. 내 팟캐스트 '슈퍼 소울 Super Soul' 알아요? (카메라 정면을 바라본다). 한 번 들어봐요. 인생의 의미에 대해서, 자기의 최고 자아에 한 걸음 한 걸음 다가가는 법에 대해서 잘 배울 수 있을 테니까요.

아르투어 크건 작건 그 걸음마다 세상과 삶이 행복한 존재를 지켜주려고 있는 것이 아니라는 사실을 깨달을 수밖에 없을 거고…….

오프라 (근심 어린 표정을 지으며) 아르투어, 어디 아픈 건 아니죠?

아르투어 …… **따라서 거의 모든 노인의 얼굴에는 '실망'이라는 것이 담겨 있지요.**

오프라 당신 얼굴은 멋져요.

아르투어 칭찬은 고맙지만, 나는 늙었고 점점 더 늙을 거라는 사실은 변치 않아요.

오프라 특별가로 리프팅 시술 주선해 드릴 수 있어요.

  * **강조 표시한 곳**은 쇼펜하우어의 유명한 저서 《인생론》에서 인용한 구절

당연히 실제 인물인 오프라 윈프리는 절대로 죽은 백인 비관주의자를 토크쇼에 초대하지 않을 것이고, 진짜 쇼펜하우어

라면 설사 초대를 받았더라도 결코 응하지 않았을 것이다. 내가 이런 '인터뷰'를 상상한 이유는 역사를 고쳐 쓰려는 게 아니다. 선을 위해 노력하고 의미 있게 살아가려는 이들이 아주 천천히 행복해지지 못하도록 방해하는 태도와 자세, 신념을 보여주기 위해서이다.

문제는 어디에 있을까? 위의 대화는 진짜 대화가 아니다. 둘 중 누구도 대화를 나누는 동안 진정으로 그 자리에 있지 않았기 때문이다. 낙관주의자인 오프라는 TV 시청자들에게 긍정적 메시지를 전하느라 바쁘고, 비관주의자 아르투어는 비관에만 집착한다. 그래서 누구도 서로의 말에 진정으로 귀 기울이지 않고, 누구도 상대의 질문에 제대로 대답하지 않는다.

오프라는 좋은 것만 인정하고 싶어 하고, 아르투어는 좋은 것이라고는 도통 보지 못하기에, 둘 다 소중한 순간을 놓친다. 두 사람은 상대 말을 귀 기울여 듣고 상대와 인간적으로 소통하려면 지금 이 순간에 있어야 하고 마음이 고요해야 한다는 사실을 무시한다. 따라서 그들의 인터뷰는 함께한 시간이 아니라 그저 나란히 앉아 있거나 스쳐 지나간 시간에 불과하다. 제대로 살지 못한 시간의 한 에피소드일 뿐이다.

＊

'시간'이란 무엇일까? 사실 이 질문은 가장 어려운 수수께끼 중 하나일 것이다. 시간은 역설적으로 유한하면서도 동시에 무한하다. 일상에서는 그저 유한한 것인 양 느껴질 때가 많다. 월요일부터 금요일까지 당신은 마감이 정해진 일정과 해야 할 일에 쫓기느라 정신이 없다. 따라서 연대기적 시간chronological time의 관점에서 보면 당신에게는 선한 인간이 될 기회가 거의 없다. 자유롭지 않고 늘 압박감에 시달리기 때문이다. 다행히 딱 정해진 세계 시간 바로 옆에는 다른 시간이 하나 더 있다. 바로 측정할 수 없는 고유 시간이다.

세계 시간

직선으로 나아가는 시계의 연대기적 시간(과거, 현재, 미래)
→ 한시적이고 유한하다.

고유 시간

주관적으로 경험하는 내면 시간(현재, 좋은 순간)
→ 무기한이며 잠정적으로 무한하다.

사회생활을 잘 해내는 현대인이라면 당연히 일정표가 필요하다. 약속은 지켜야 하고 누구를 만나더라도 너무 늦기보다는 너무 빠른 편이 좋다. 시계의 시침만 쫓으며 고유 시간을 무시해도 몇 년, 아니 아주 오랜 시간 동안 성공 가도를 달릴 수는 있다. 하지만 그것은 '실존적으로는' 실패한 인생이다. (연대기적) 시간이 흐르는 동안 당신은 원래 하고 싶었던 일(바라기를 바라는 일)을 할 수 있는 순간, 다시 말해 좋은 순간을 망각한다. 그래서 겉보기엔 성공할지 몰라도 실제로는 실패한다. 몸과 마음은, 인간적으로는 연이어 동체착륙을 해댄다. 돈은 남들이 부러워할 만큼 많이 벌겠지만 그뿐이다. 당신의 인생은 그렇게 끝나고, 당신은 좋은 순간마다 느꼈을 그 무한함을 절대 경험하지 못한다. 게임 오버이다.

(가짜 이야기에 나온 오프라처럼) 양쪽 귀에 휴대전화를 갖다 대고는 어떤 사람도 제대로 살 수 없다. 인간의 박자는 시계와 다르다. 인간은 시계도, 스마트폰도, 인공지능도 아니다. 호모 사피엔스인 동안, 당신은 몸과 마음, 정신으로 이루어진 존재다. 당신에게는 고유 시간이 있으며, 내면의 시간 감각이 존재한다. 남의 시간으로는 대체할 수 없고, 아주 예민한 장기처럼 살뜰히 챙겨야 할 시간 감각이다.

당신은 전철에 올라타고, 길에서 아는 사람을 보면 고개를 끄덕여 인사하고, 실수로 손가락을 베고, 잠이 들었다가 깨고 웃고 고함친다. 당신이 무엇을 하건 안 하건, 결과는 항상 같다. 미래가 다가와 현재로 들어오면 갑자기 미래는 돌이킬 수 없는 과거의 일부가 된다. 젊을 때는 그 사실을 깨닫기 힘들다. 과거를 (나노초 단위로 과거가 되는 그 모든 순간을) 열심히 고민하기에는 미래에 너무 정신이 팔려 있기 때문이다. 그러나 나이가 들수록 자주 뒤를 돌아본다. 지금까지의 삶, 당신의 '역사'를 반추하기 시작한다. 세계 시간과 고유 시간을 구분하기 시작한다. 현재에 있지 않으면서 잘 살기란 불가능하다는 사실을 깨닫는다. 그리고 이렇게 묻는다.

- 나는 무엇을 기억하나?
- 무엇을 잊었나?
- 어떤 기억이 망각을 이겼나?

아리스토텔레스는 인간을 '시간에 대한 감각'을 지닌 생명체라고 보았다. 그 말은 우리가 연대기적 시간을 아무것도 하지 않고 뜻 없이 흘려보내서는 안 되며, 세계 시간에서도 목표를 세울 수 있다는 말이다. 우리에겐 너무 늦기 전에 어떤 길을 갈지 선택할 기회가 있다. 혼자서 빠르게 행복해지는 길인가? 아니면 아주 천천히, 순간순간 개인의 행복과 세계의 행복을 함께 늘려가는 길인가? 그것이 다른 사람들도 (원래, 실제로, 마음 가장 저 안쪽에서는) 품고 있는 목표이기 때문이다. 느린 행복을 택한 당신은 연대기적 시간을 부수고 나와 고유 시간이 되어 무한 속으로 뻗어 나갈 수많은 좋은 순간을 선택한 것이다.

윤리적 태도를 딛고 서서 지금 당신이 자신으로부터 펼쳐 나가고 있는 느린 행복은 실천하지 못한 삶을 예방한다. 나아가 상식적인 관점에서 보면 비합리적인 낙관주의적 확신과 비관주의적 확신을 막아준다. 낙관주의자들은 의도가 나쁘지 않지만, 자신과 타인에게 긍정적 메시지를 전하고 그들을 곤궁에서 구출해야 한다는 마음이 너무 강렬하다. 어쨌든 단기적으로는 그렇다. 따라서 한계를 모른다. 장밋빛 안경으로 세상을 바라보면 (죽은 쇼펜하우어에게 리프팅을 권하는 오프라 윈프리처럼) 모든 것이 자기 손안에 있기에 어떤 문제에도 답이 있다는 망상에 걸려들기 쉽다. 또 낙관주의 탓에 만인을 도우려다 얼마 못 가 번아웃에 빠질 것이다. 비관주의 또한 과도하게 비합리적이다. 물론 비관주의자도 만족의 짧은 순간을 바랄 테지만,

삶이 결국 무의미하다고 생각하기에 인간이 선하다는 '증거'를 내밀 때마다 바로 '반증'을 떠올린다. 하지만 경험으로 미루어 볼 때 그들의 '반증'은 언제든지 '반박'할 수 있는 것이다.

낙관주의와 비관주의는 모두 세계 시간의 박자를 따른다. 현재를 살지 않고 상상의 미래에서 산다. 한쪽은 최적의 상태(유토피아 utopia)를 그리고, 다른 쪽은 세상의 몰락(디스토피아 dystopia)을 상상한다. 그러기에 양쪽 모두 고유 시간을 살지 못하고, 무한을 경험하지 못하며 현재에 존재하지 못한다. 좋은 순간은 낙관주의나 비관주의를 버리고 현실주의의 입장을 택할 능력에 달려 있다.

현실주의란 최악을 예상하면서도 동시에 최선을 바라는 것이다. 현실주의자라고 해서 지상의 삶이 (적어도 화성에서 보았을 때는) 무의미하다는 사실을 외면하지는 않는다. 그래도 (아니 오히려 그러기에 더욱) 이 세상에서 의미와 행복을 키우기 위해 최선을 다한다. 현실주의자는 부모, 배우자, 아이들, 친구, 동료들과 그저 나란히 살지도, 그들을 스쳐 지나가지도 않는다. 그들과 더불어 그들을 위해 산다. 그렇게 그들은 유토피아도 디스토피아도 아닌 삶이 된 현실을 창조한다.

쇼펜하우어 또는
오프라 윈프리로 살아보기

•
•

"얼마나 이야기해야 해요?" 인터뷰를 시작하자마자 아르투어는 묻는다. 이 말은 좋은 순간을 모르는 사람은 삶도 모른다는 사실을 아주 잘 보여준다. 그는 연대기적 시간, 연대기적으로 빠듯한 시간만 인정한다. 비관주의자는 자기가 처리하기 전에 누군가가 시간을 훔쳐 갈까 봐, 시간을 뭉개버릴까 봐 두려워한다. 그래서 얼른 이야기를 마치고, 다시 비참한 현실 속에 혼자 남고 싶어 한다. 그에게 현실주의가 한 줌이라도 남아 있다면, 그는 아마 전혀 다른 질문을 던졌을 것이다. "우리 같이 무엇을 할 수 있을까요? 서로를 위해 얼마나 오랫동안 여기 있을 수 있고, 또 있고 싶은가요?"

현실적이라는 건, 삶에서 중요한 것들은 억지로 속도를 높일 수 없음을 아는 것이다. 말은 더 빨리 할 수 있을지 몰라도 잠은 더 빨리 잘 수 없다. 사람을 더 빨리 알 수도 없으며 더 빨리 믿을 수도 없다. 그런 것들은 시간이, 다시 말해 고유 시간이 필요하다. 이 고유 시간에 담긴 수많은 좋은 순간들이 필요하다. 우리는 더 빨리 웃고 살고 사랑할 수 없다. 누군가를 사랑한다고 해서 일정표를 꺼내 빈 시간을 찾은 후, 이렇게 물어볼 수는 없는 일이다. "음. 수요일까지 널 사랑할게. 넌 어때?"

사랑은 선이 그러하듯 마감을 모른다. 이 순간 사랑이 가득 담긴 몸짓을 주고받으면 당신의 고유 시간이 늘어난다. 순간이 무한한 공간을 만든다. 이것이 모든 행복, 모든 의미의 씨앗이다. 설사 지금 당신이 시계의 박자에 맞춰 걸어간다 해도 순간의 경험은 남는다. 지금은 없더라도, 몇 주 전, 몇 달 전, 몇 년 전에 일어난 일이라 해도, 미소와 포옹은 사라지지 않는다. 미소와 포옹은 영혼에 자국을 남긴다. 그리고 남들과 나누거나 나누었던 생생한 기억의 일부가 된다.

예를 들어 나는 우리 할머니의 포옹을 여전히 느낄 수 있다. 할머니는 오래전에 돌아가셨지만, 할머니의 웃음소리와 말소리는 어제 일인 듯 귓가에 쟁쟁하다. 주관적 시간 감각으로는 할머니는 여전히 실재한다. 뒷배경에서 작용하며 자라나 지금의 내 일상을 풍요롭게 만들고 나를 강하게 만들며 어디서나 나와 함께하는 무한한 현저의 형태로 말이다. 우리의 할머니들은 실재했고 실재하며 우리 현실의 일부로 남아 있다. 현실적 태도로 서로를 위해 살고, 수많은 '좋은' 만남으로 삶을 채워가라고 우리를 격려한다.

※

» 2주 전에 새 동료가 입사했다. 그런데 이런 업무가 처음이라 허둥대는 것 같고 부서의 다른 직원들과도 잘 어울리지 못하는 것 같다. 보기는 딱하지만, 당신이 나서도 별 도움은 안 될 것 같다. 더구나 당신은 곧 직장을 옮길 테니까 오래 도와주지도 못할 처지다.

당신은 왜 별 도움이 안 될 거라고 생각할까? 지금을 살지 못하게 방해하는 비관주의자가 마음 한 켠에 숨어 있는 것은 아닐까? 당신은 아직 일어나지 않은 일을 미리 짐작한다. 현실적으로 생각하자. 좋은 순간의 경험이 아주아주 오래전 일이라 해도, 행복과 의미는 당신이 지금 대화를 나누고 컴퓨터 프로그램을 설명하거나 꽃다발을 건네는 현재에서만 생겨나는 것이 아니라는 사실을 명심하자. 행복과 의미는 당신이 지난날에 경험한 순간에서도 생겨난다.

어릴 적 나는 오후 4시에 코코아를 타주기 전에 늘 먼지떨이로 꼼꼼하게 청소하시던 할머니를 감탄의 눈으로 바라보았다. 아마 당신에게도 할머니와 함께한 좋은 순간이 있을 것이다. 혹은 어릴 적 친구들과 함께한 즐거운 순간이 있을지도 모른다. 잠깐 눈을 감고 추억에 잠겨보자. 사는 동안 당신 기억엔 그런 수많은 (적어도 몇 가지) 좋은 순간들이 차곡차곡 쌓였을 것이다. 그 기억들을 떠올려 보자. 그 추억이 당신에게 고유 시간을, 현재를 돌려줄 것이다. 게다가 당신이 지금 그 동료에게 다가간다고 해서 잃을 것이 무엇인가?

» 절친이 실연당해 위로차 만나기로 약속했다. 자주 가던 술집에서 한잔하면서 그의 등을 토닥여 주고 싶다. 그런데 하필 그날 절대 놓치고 싶지 않은 중요한 행사에도 초대받았다.

당신은 전혀 다른 두 가지 일을 바라고 있다. 둘 다 당신에게는 무척 '중요'하다. 그렇다면 "당신이 바라기를 바라는 것은 과연 무엇인가?" 이 질문은 의미와 행동을 정의하는 당신의 방식을 묻는 말이기도 하다. 과거를 돌아보면 어떤 기억이 떠오르는가? 살아온 세월이 길수록 고유 시간의 가치를 더욱 깨달을 것이고, 당신의 인생 시간이 타인의 그것과 얽혀 있다는 사실을 절실히 느낄 것이다. 당신이 절친과 나누었던 모든 좋은 순간은 현재를 함께 나눈 시간이다. 현재를 함께 나눈 시간은 늘 두 배의 시간이다. 시간은 현재이고, 시간은 삶이다. 삶은 서로를 위한 시간이다. 인간의 '시간에 대한 감각'(아리스토텔레스)에서 삶과 죽음의 의미가 생겨난다. 어디서 누구와 그 밤을 보낼 것인지, 당신의 결정은 지금 존재하는 것을 얼마나 소중하게 생각하느냐에 달려 있다.

》당신은 구제 불능 낙관주의자여서 남들보다 출세해 잘 먹고 잘사는 게 인생 목표이다. 그런데 얼마 전부터 과연 이 길이 맞나 하는 의문이 생겼다. 계획한 대로 다 해낼 수 있다고 확신은 하지만, 스트레스와 피로가 너무 심하기 때문이다.

이기주의자나 사기꾼, 연쇄 살인범이 아닌 이상, 일은 어쨌든 선하고 아름답고 의미 있는 삶의 일부가 될 수 있다. 물론 당신이 쉬지 않고 시계를 흘깃거리지 않는다는 조건이 붙는다. 삶을 마음의 시계, 고유 시계에 맞추면 연대기적 시간을 박차고 나온 수많은 좋은 순간들을 자유롭게 만날 수 있다. 야망을 품지 말라는 말이 아니다. 스트레스를 훨씬 덜 받고 훨씬 더 편안할 수 있다는 소리다. 그럴 수 있게 도와주는 스승이 필요하다고? 인간은 유한한 존재라는 사실만 잊지 않으면 된다. 죽음은 삶의 반대말이 아니라 최고의 삶을 살도록 도와주는 스승이니 말이다. 죽음은 느린 행복으로 가는 새로운 길을 계속해서 열어준다. 깨어 있으라고, 서로를 위해 지금 여기에 있으라고 일러주기 때문이다. 당신의 모든 '성공'에서 남는 것은 결국 정말로 좋았던 순간들이다. 그러니 그 순간이야말로 최고가 아닌가?

⑮ 위험을 무릅쓰며 앞으로 나아가기
신뢰에 관하여

●
지금과는 다른 쪽에서 세상을 바라보기만 하라.
그것이 바로 새로운 삶이 시작된다는 뜻이니.

_마르쿠스 아우렐리우스

무엇이 중요하고 무엇이 하찮은지 누가 결정할까?

•
•

당신은 이 도시에 처음 왔다. 지금 탄 차의 운전대를 쥔 남자는 오늘 처음 만난 사람이다. 그러나 당신은 당연한 듯 그에게 앞으로 며칠 묵을 지인의 주소를 알려준다. 이 택시 기사가 당신을 잘 모셔다 줄 것이고, 제일 빠른 길을 택해 목적지로 데려갈 것이라고, 조금도 의심하지 않는다. 안전띠를 매는 순간에도 이 남자가 당신을 협박하거나 납치할 가능성은 전혀 없다고 생각한다. 당신은 그를 그냥 믿는다. 수많은 사람을 그냥 믿는다. 당신의 배우자, 베이비시터, 의사, 변호사를 믿는다.

 살면서 우리가 겪는 매일은 낯선 도시의 하루와 같다. 당신이 잘 알고 있다고 믿어도 당신이 만나는 모든 사람은 당신과 다르고 '낯설다.' 세상 그 누구도 당신과 똑같지 않고 당신과 똑같이 생각하고 느끼지 않는다. 그러기에 신뢰는 너무도 중요하다. 신뢰한다고 해서 더 많은 사실을 알게 되지는 않겠지만, 적어도 이 세상이 낯설지 않을 것이고 불안을 느끼지 않을 수 있다. 최소한의 신뢰가 없다면 우리는 택시를 탈 수 없다. 어느 누구도 결혼을 하거나 장사를 하겠다고 생각하지 못할 것이다.

우리 모두 잘 알고 있다. 법과 규칙, 절차만 있다고 해서 모든 일이 해결되는 것은 아니다. 합리성만이 만사를 해결하는 것은 아니다. 사회보장 시스템, 은행 시스템, 보건 시스템, 인공지능 시스템 같은 합리적인 시스템도 이해할 수 없거나 통제할 수 없을 때가 있다. 세상 그 어떤 시스템도 상호 신뢰를 대신할 수는 없다. 믿을 수 있고 믿어주는 사람이 없다면 선은 불가능하다. 그럴 때 사회는 기계실과 비슷할 것이다. 아니면 미국 서부의 도시처럼 무법천지가 될 것이다. 겉만 번지르르할 뿐, 속은 아무것도 없는 그런 곳 말이다.

사회학자 니클라스 루만 Niklas Luhmann 의 말대로 신뢰는 복잡함을 줄여준다. 신뢰는 "만일 이러저러하면 어쩌지?"라는 고민에 시간을 낭비하지 않고 지금 여기에서 행동할 수 있게 한다. 타인의 선의, 충성심이나 진실성을 믿으면 큰 짐을 덜 수 있다.

그러나 또 한편으로는 항상 위험을 감수해야 한다. 당신이 미리 지급한 신뢰를 상대가 자기 목적에 이용할 수도 있으니 말이다. 사기꾼이나 거짓말쟁이, 다른 독이 되는 인간들은 상대의 신뢰를 기가 막히게 이용할 줄 안다. 특히 날로 자동화되는 디지털 자본주의에서는 신뢰를 오직 효율성의 가속기로만 생각하기에 이런 인간들이 득세한다. 예를 들어 금융 부문에서는 거래 속도를 높이기 위해 인간 상호 신뢰의 증거를 기술적 구조로 '번역'한다. 따라서 신뢰는 차가운 추상으로, 거대한 돈의 흐름을 가능하게 하는 측정 가능한 크기로 거래된다.

　신뢰는 복잡함을 줄이고 효율성을 높이며 비용을 절감하는 등 많은 것을 가져다준다. 그렇다고는 해도, 특히 사회학자 안드레아스 투티치Andreas Tutić가 주장하는 합리적 선택 이론Rational choice theory은 미흡한 구석이 너무 많다. 이 이론에 따르면 두 당사자가 서로를 신뢰하는 경우는 단 하나, 믿을 만한 행동이 각기 상대에게 이익이 된다고 양쪽 모두 예상할 수 있을 때다. 실제 동기, 진짜 동기는 중요하지 않다. 도덕은 아무런 역할을 하지 못한다. 도덕은커녕 상대의 신뢰성에 대한 일종의 확률 계산을 하고 있다. 이런 의미의 '계산'은 항상 어떻게든 타산적이다. 항상 어떻게든 시장경제와 관련이 있다. 따라서 포괄적이고 윤리적 관점에서 볼 때 합리적 선택 이론은 신뢰 관계의 본성과 맞지 않는다. 이 이론이 맞다면 우리는 항상 '제대로' 믿지 말아야 하는 (논리적) 이유를 찾게 된다. 항상 핸드브레이크를 올리고 심장을 차단하고 두뇌를 가동해야 할 이유를 찾게 된다. 하지만 그렇다면 과연 신뢰에서 무엇이 남겠는가?

※

　신뢰는 단순한 경제적 이익을 넘어선다. 진정한 신뢰는 윤리적 가치를 대변한다. 세상 모든 황금, 다이아몬드, 암호화폐로도 바꿀 수 없는 그런 가치 말이다. 우리의 신뢰 행위는 각각 복잡함을 줄일 뿐 아니라 더 많은 인간성의 공간을 창조한다. 진정한 신뢰는 계산할 수도, 조종할 수도 없다. 전략이거나 방법 혹은 의무가 아니기 때문이다. 진정한 신뢰는 그것을 주고받는 모든 이에게 날개를 달아주는 미덕이다. 남들이 당신에게 '선할' 것이며, 당신도 그들에게 선행을 베풀 능력이 있다는 믿음은 중력을 줄여 말 그대로 당신이 날아오를 수 있게 한다. 물론 추락의 위험도 함께 있다. 당신의 선의가 진정으로 선하게 가 닿을 것이라는 보장은 없다. 타인의 선행에 대한 당신의 기대나 바람이 헛되지 않을 것이라는 보장도 없다. 당신의 친절과 온기, 좋은 스타일이 악인을 이롭게 할 수도 있다. 신뢰의 날개가 당신을 잘못된 방향으로 데려갈 수도 있다.

- 나는 너를 믿을 수 있을까?
- 네가 나를 아프게 하면 어쩌지?
- 나는 얼마나 취약한 사람이 될 수 있으며 또 그러기를 원하는가?
- 건강한 불신은 절대 잘못이 아니다. 그렇지 않은가?

절대 합리적 근거를 댈 수 없는 '지식과 무지 사이의'(게오르크 지멜Georg Simmel) 미덕이라는 점에서, 신뢰는 사랑과 비슷하다. 둘 다 당신에게 날개를 달아준다. 둘 다 잘못하면 다칠 수도 있는 위험한 모험이다. 만연하지 않다면 불신도 나름의 정당성이 있다. 예를 들어 입으로는 수없이 신뢰를 들먹이면서도 (배우자도 당신도) 그것을 실천하지 않는 결혼생활이라면 마땅히 불신의 눈으로 바라봐야 한다. 직장도 마찬가지다. 모두가 입으로만 신뢰를 외치는 조직은 의심하고 불신하는 것이 맞다. 신뢰는 공동사회Gemeinschaft오 이익사회Gesellschaft를 잇는 눈에 보이지 않는 끈이다. 신뢰의 의미가 가장 또렷이 드러나는 때는 그것이 상실되었을 때다. 하지만 당신이 선하고 행복한 인간으로 살고 싶다면 그런 깨달음만으로는 부족하다. 깨달음에서 한 걸음 더 나아가 새로운 신뢰를 창조하기 위해 적극적으로 이바지해야 한다.

하지만 그렇게 하는 사람은 소수에 그치지 않을까? 그건 절대 이길 수 없는 다윗과 골리앗의 싸움이 아닐까? 대다수의 사람은 여전히 당연한 듯 병원에 가고 결혼을 하고 택시를 탄다. 그러나 고도로 전문화된 현대 사회에서 불신은 날로 커져만 간다. 온 세계가 한데 뒤엉킨 우리 시대의 기술, 경제, 정치 시스템의 본질을 꿰뚫어 볼 수 있는 사람이 과연 얼마나 될까? 시스템을 불신하면서 어떻게 인간을 신뢰할 수 있을까? 불신은 자신의 정당성을 입증하려는 성향이 있다. 그래서 서로 불신하는 국가 관계는 결국 갈등으로 끝나고, 심지어 전쟁이 일어나기도 한다.

반대로 신뢰는 진선미의 이상을 향한다. 신뢰는 자유가 널리 퍼진 곳에서만 존재한다. 신뢰가 자유 민주 정치의 가장 높은 가치 중 하나인 데에는 다 그럴 만한 이유가 있다. 그러나 모든 민주주의는 정치 이전에 시작된다. 개인에게서, 일상에서, 당신과 내가 담당하는 우리 모두의 구역에서 시작된다. 자신과 타인에게 윤리의 날개를 달아주고 싶다면 먼저 자신의 태도와 습관을 점검하고 규칙적으로 새로운 길을 개척해야 할 것이다. 신뢰를 품고서 날아오를 수 있는 능력이 당신을 더 위험한 곳으로 데려갈 수도 있겠지만, 그러지 않은 삶은 어떤 삶이겠는가? 합리적 선택의 법칙을 따르는 편협하고 따분한 삶일 것이다.

순진하고 '이상주의적'으로 들릴 수 있고 위험해 보일 수 있겠지만, 낯선 사람을 마주하고 그 앞에서 신뢰의 날개를 활짝 펼치는 순간은 불신을 버리는 사례이자 우리가 그에게 선사한 기회일 수 있다. 한나 아렌트는 《악에 대하여》에서 "옳고 그름에 대한 우리의 결정"은 "우리가 삶을 함께하고픈 사람들의 선택에 달려 있다"고 말했다. 어떤 이론도 안락한 생활과 교조주의를 거부하고, 자유와 선, 만인의 행복을 위해 두뇌와 심장을 가동하는 개인의 사례를 대체할 수는 없다고 말이다. 그녀의 말은 신뢰와 불신에 대한 우리 각자의 결정에도 해당한다.

우리의 행동이 어떤 사례가 될지는 당신과 나, 우리 모두가 매일 내리는 결정에 달려 있다. 어떤 공동사회와 이익사회에서 살고 싶은지는 우리가 결정할 수 있다. 아마 당신은 믿을 수 있는 사람들과 함께 살고 싶을 것이다. 인간성을 위해 마음과 용기를 낼 수 있는 정직한 사람들과 함께 사는 것이 덜 복잡하고 더 행복하리라 생각할 것이다. 물론 나는 그것이 상당히 비현실적 생각이라는 것도 잘 알고 있다. 그러니 그런 생각에 집착할 필요는 없다. 그래도 당신이 운전대를 잡을 수 있고, 당신이 먼저 시작할 수 있다. 당신이 먼저 신뢰 가득한 새로운 날을 향해 출발할 수 있다.

더 가벼운 삶을 향한 긍정

:
:

한동안 별일 없이 살다가 문득 갈림길에 다다른다. 한쪽 길에는 '이것'이라고 적혀 있고, 다른 쪽 길에는 '저것'이라고 적혀 있다. 이제 어떻게 할까? 모호하고 예측할 수 없는 미래와 위험을 감수하며 지금 삶을 살거나, 아니면 이불을 뒤집어쓰고 드러누울 수 있다. 불신은 살지 않고 드러누운 채 있는 것이며 신뢰는 활기차게 길을 나아가는 것이다. 믿음, 희망, 확신과 마찬가지로 신뢰는 수동적이지 않다. 기대가 무너질 수도 있지만, 신뢰는 적극적인 도전 정신을 기르는 덕목이다. 실망하고 또 실망해도 인간이나 삶을 또다시 믿겠다는 결심은 더 가벼운 삶을 향한 긍정과도 같다. 과거의 경험을 반성하고 자신의 태도와 습관을 바꿀 수 있음을 깨우치는 용기 있는 긍정이다. 불신하는 사람도 (다시) 날아오를 수 있다. 낯선 도시를 지나 앞으로 나아갈 수 있다.

1.
나는 길을 걸어간다.
길에 깊은 구덩이가 패여 있다.
그 구덩이에 내가 빠진다.
나는 어찌할 바를 모르겠고…… 희망이 없다.
이건 내 잘못이 아니다.
다시 구덩이에서 나오기까지 하염없이 오랜 시간이 걸린다.

2.
나는 그 길을 걸어간다.
길에 깊은 구덩이가 패여 있다.
나는 못 본 척한다.
이번에도 그 구덩이에 빠진다.
같은 곳에 또 빠지다니 믿을 수가 없다.
하지만 이것도 내 잘못은 아니다.

이번에도 빠져나오기까지 정말로 오랜 시간이 걸린다.

3.
나는 같은 길을 걸어간다.
길에 깊은 구덩이가 패여 있다.
나는 구덩이를 쳐다본다.
또 거기에 빠진다…… 습관 탓이다.
눈을 뜬다.
내가 어디에 있는지 안다.
이것은 내 잘못이다.
나는 얼른 빠져나온다.

4.
나는 같은 길을 걸어간다.
길에 깊은 구덩이가 패여 있다.
나는 구덩이를 피해 돌아간다.

5.
나는 다른 길로 간다.

소걀 린포체Sogyal Rinpoches의 《삶과 죽음을 바라보는 티베트의 지혜》에 나오는 이 〈5장의 자서전〉은 마침내 신뢰를 되찾아가는 내적 변화를 이야기한다. 여기서 (중력 때문에) 계속해서 같은 구덩이에 빠지는 '나'는 자신의 합리적 시스템에 맞지 않는 모든 것을 불신하는 회의론자다. 따라서 '나'는 필연적으로 같은 구덩이에 계속 빠질 수밖에 없다. '나'에게는 피할 가능성이 보이지 않기 때문이다. 다른 길이 존재한다는 믿음 자체가 아예 없다. 1장과 2장에서 '나'는 어떻게든 해보려고 필사적으로 노력한다. 그런데도 자신과 인간 공동체, 세계 전체에 대한 믿음이 부족하기에 구덩이로 들어가는 길을 피하자는 생각을 하지 못한다. 그러다가 3장에 이르러 희미하게나마 깨달음이 밀려오고, 마침내 4장에 오자 날갯짓을 시작한다. '나'는 묵은 습관을 벗어던진다.

5장이 가능하려면, 첫째 '다른 길'이 존재한다는 믿음이 있어야 하고, 둘째 다른 길이 더 쉬울 거라는 믿음이 있어야 한다. 삶에 필요한 공간도 없고 빛도 없는 깊은 구덩이에서는 좋은 일이 일어날 리 없다. 익숙한 길을 벗어나 어디로 이어질지 모를 다른 길로 접어들어야 마침내 5장과 같은 경험을 할 수 있다. 그곳에서는 낯선 행인들이 서로 다른 방향으로 걸어가지만, 그래도 결정적인 순간에는 누군가가 곁에 있어줄 거라는 믿음을 잃지 않는다. 필요할 때 도와줄 누군가가, 진실을 말하거나 미소 지어줄 누군가가, "나 여기 있다"는 신호를 보낼 누군가가 곁에 있다고 믿는다. 네가 인간이기에 나도 인간이라는 신호를 보낼 누군가가 말이다.

*

》당신이 그동안 사귀었던 모든 여자는 당신을 배신하고 속이고 이용했다. 그래서 당신은 여자를 믿을 이유가 없다고 생각한다.

개별 사례를 근거로 전체를 속단해서는 안 된다. 과거의 아픔을 미래에 그대로 적용해서는 안 된다. 당신이 자주 실망했다고 해서 다음번 관계도 또 그럴 거라는 생각은 너무 성급하다. 당신이 버려야 할 것은 당신을 계속해서 같은 구덩이로 몰고 가는 불신이다. 사물을 바라보는 당신의 회의적 시각이다. '회의skepsis'는 그리스어에서 유래한 말로 '점검하며 관찰한다'는 뜻이다. 고대 회의주의 철학자들은 의견이나 신념을 단순한 가상假想이라 생각했다. 그러므로 어차피 현실이 아닌 것을 해석하고 평가하지 말라고 경고했다. 이 회의주의 철학에서 배워 보자. 다시 말해 여성을 불신할 것이 아니라 여성에 대한 당신의 의견을 불신하자. 다른 것은 전부 내버려두자. 삶은 삶이고 인간은 인간이다. 행복과 선으로부터 멀어져 외롭다는 느낌이 들면 그 감정을 의식적으로 인지하려 노력해 보자. 구덩이가 깊이 팬 그 길로 또 달려갈 것이 아니라 집에 머무르며 자신을 성찰하자. 그리고 물어보자. "나는 그동안 만났던 그 모든 여성에게 어떤 사례를 제시했는가? 그들에게 감사할 일은 뭐가 있을까?" 대답이 솔직할수록 삶에 대한 책임감을 되찾기도 쉬울 것이고 외롭다는 기분도 덜할 것이다. 당신이 날아오를 수 있다는 믿음이 돌아올 것이다. 물론 그렇다고 해서 또 여자에게 실망하지 말라는 법은 없다. 그러나 실망하더라도 이불을 뒤집어쓰지 말자. 마음에 신뢰를 가득 품고서 앞으로 계속 나아가자.

》 당신의 친구가 큰 병에 걸렸다. 나으리라는 희망도 믿음도 없다. 어떻게 그녀를 도와줄 수 있을까?

당신이 그녀를 다시 낫게 할 수는 없다. 그래도 그녀가 다른 곳에서 신뢰의 '이유'를 찾도록 도울 수는 있다. 일어날 수 있는 최악의 일이 무엇인지 그녀에게 물어보자. '통증'이나 '죽음'이라고 그녀가 말하거든 이렇게 물어보자. "친구가 하나도 없는 게 더 힘들지 않을까? 전화 걸어주고 찾아와 주고 네 손을 잡아줄 사람이 하나도 없으면 더 힘들 것 같아." 그냥 옆에 있으면서 진실한 우정의 가치를 알려주자. 위에서 배웠던 〈5장의 자서전〉을 읽어주자. 아무리 큰 병에 걸려도 신뢰를 잃지 않을 수 있음을 친구가 깨닫도록 도와주자. 나을 것이라고 믿을 수는 없어도 좋은 순간들에 담긴 무한한 가능성은 믿을 수 있음을 배울 수 있도록 말이다.

》 당신은 선한 사람이 되고 싶다. 하지만 당신이 보기에 자신은 선량한 사람이 아니다. 남을 잘 믿지 못하고 남의 아픔에 잘 공감할 줄도 모른다.

이런 자기 평가는 진실의 증거가 될 수 있다. 당신에게 윤리적 능력이 있다고 믿어도 좋을 조건이다. 조금 더 호기심을 품고서 자신과 자신의 삶을 관찰해 보자. 하루하루가 처음 태어난 날이라고 상상해 보자. 아침에 눈을 떴는데 온 세상이 새롭게 느껴진다면 어떨까? 아마 이 완전한 무지의 상태에서 벗어나겠다는 목표로 주변을 샅샅이 탐색할 것이다. 이 세상의 모순과 불합리마저 열광할 테니, 세상을 믿지 못하겠다는 생각 자체가 들지 않을 것이다. 또 이제 막 만난 사이이므로 자신을 불신하지도 않을 것이다. 당신의 등에서 날개가 자라날 수도 있다고 생각할 것이다. 당신과 세상이 그냥 존재하는 것이 아니기에 그러하다. 당신은 당신의 진실과 날로 커지는 신뢰에 발맞춰 세상을 선하게 바꾸기 위해 여기 있기 때문이다.

메타노이아:
'성찰'이란 다른 쪽에서 세상을 바라보는 것

너무 화가 나서, 너무 불안해서, 너무 당황해서 제정신이 아닌 적이 얼마나 많았는지 모른다. 사실 '제정신'인 때가 얼마나 될까? 제정신이 되려면 자기인식이 필요하다. 자신을 성찰할 줄 알아야 한다. 단 몇 분이라도 자기 생각과 감정에 진실하고 정직한 관심을 기울여야 한다. 그것이면 충분하다.

굳이 교육을 받아야 하는 것도 아니고, 비싼 돈을 주고 기술을 배울 필요도 없다. 자기 자신만 있으면 된다. 당신이 태어나는 순간부터 함께 살아가는 그 단 한 사람 말이다. 이 불완전하고 상처를 잘 받고, 모순투성이지만 배울 줄 아는 인간, 일상의 소용돌이에 휩쓸려 너무 쉽게 망각하는 이 인간에게 아주 조금의 시간을 주기만 하면 된다.

자기성찰은 마땅히 가장 평범하고 지극히 당연한 일이 되어야 한다. 그런데 그렇지가 않다. 아직은 그렇지 못하다. 우리는 인생이 너무 복잡하므로 자기성찰도 복잡해야 한다고 생각한다. 하지만 자신에게로 돌아와 머물기란 너무도 간단한 일일 수 있다. 적어도 고요한 순간에는 아주 쉽고 간단한 일이다. 세상은 너무 시끄럽고 당신의 생각도 그에 따라 시끄럽다. 그러나 그 곁에는 항상 고요의 시간이 있다. 차가 지나가지도 않고 세탁기가 돌아가지도 않으며 스피커에서 아무 음악도 나오지 않는 순간. 듣고 있던 팟캐스트가 끝나거나 휴대전화를 끌 때 찾아오는 그 짧은 고요의 순간. 그 순간이 너무 소중하다. 그 순간은 잠깐이라도 자신을 인식해 보라고 당신에게 손짓한다. 잠시 걸음을 멈추고 고요에서 힘을 길러 자신을 회복하고 재설정하라고 손짓한다.

자신을 돌아보느라 지하철을 놓칠 수도 있다. 미팅에 늦거나 속보를 놓치거나 몇 가지 일을 빠뜨릴 수도 있다. 물론 단기적으로나 중기적으로 보면 정보, 약속, 시간은 당연히 중요하다. 인생 전체를 놓고 보더라도 그 둘은 여전히 중요한 것 같다. 하지만 그것이 모든 것을 결정할 만큼 중요하지는 않다. 삶에

선 (거의) 모든 것이 가능하고, 무엇보다 삶은 유한하다. 이 사실을 늘 떠올려야 하지 않을까? 가끔 한 발짝 물러난다고 해서 세상이 무너지지 않는다. 지금은 당신이 중요한 일정을 향해 달려가는 순간이다. 그러나 지금은 당신이 걸음을 멈추고 그 일정의 의미를 새로운 시선으로 바라볼 순간일 수도 있다.

- 내가 서 있는 이곳은 어디인가?
- 나는 어디로 가고 있나?
- '나'는 누구인가?
- 나는 누구의 삶을 사는가?
- 나는 무엇을 위해 존재하는가?
- 내가 지금 할 수 있는 선행은 무엇일까?

올바른 질문을 던지지 않으면 절대 올바른 대답을 얻을 수 없다. 최고의 질문과 대답은 자신 안에 숨어 있다. 모든 고요한 순간이 그 대답을 다시 끌어내도록 도와줄 것이다. 들어낸 다음 바깥세상에서 새롭게 출발할 수 있도록 도와줄 것이다. 당신의 것이 아닌 생각과 감정에서 해방되어 선을 향해, 느린 행복을 향해 나아가도록 말이다.

자기성찰은 방향 전환이다

전환Transformation, 파괴Disruption, 혁신Revolution 같은 말들은 기술, 경제, 역사적 변화를 이야기할 때 많이 등장한다. 하지만 내면의 변화, 정신과 영혼의 변화를 표현하는 데 가장 적합한 단어이기도 하다. 자기성찰의 더 깊은 의미는 방향 전환이다. 그리스 철학자들이 메타노이아metanoia(meta는 이후 혹은 내세, noein는 생각한다는 뜻이다)라 불렀던 개념이 그에 해당한다. 그리스 철학자들은 메타노이아를 기회의 신 카이로스Kairos와 동맹을 맺은 신비의 여신으로 상상하기도 했다. 메타노이아는 '파괴적인' 관점의 전환, 지금 실행 중인 사고와 행동의 근본적인 방향 전환을 상징한다. 방향이 아무 일 없이 그냥 바뀌는 경우는 드물다. 만성 스트레스, 이런저런 안팎의 위기 등, 대부분은 구체적인 계기가 있다. 바깥세상에서 안으로 눈길을 돌려 고민하고 느끼는 '혁신'의 불을 지핀다.

그 길의 끝에는 수많은 중요한 질문과 대답이 기다리고, 그중에는 이대로 계속 갈 수는 없다는 깨달음도 포함된다. 이 깨달음은 세상만이 아니라 자기 자신과도 이대로 살 수는 없다는 인식이다. 오늘 당신은 집에 앉아 온전히 자신에게 머문다. 그리고 문득, 깨달음이 밀려온다. 반드시 자신을 바꿀 필요는 없지만 바꿀 수 있다는 깨달음이. 그리고 내일 까다로운 일정을 소화하러 가는 길에 마음이 아주 차분해지면서 삶과 죽음의 의미가 생생하게 떠오른다. 당신은 습관을 바꾸고 몇 가지 소소하지만 결정적인 부분을 바꾼다. 그리고 일상을 '전환'하여 선의 평범함이 들어올 충분한 자리를 확보한다. 그 일상이 아무리 힘들다 해도 말이다.

자기성찰은 집이다

어디에서 어떻게 살건 우리 모두에게는 집이 필요하다. 지금 당신 옆집이 공사 중이다. 낡은 집을 완전히 허물고 새집을 짓다 보니 온종일 천공기와 에어해머 소리에 귀가 먹먹하다. 어제는 하마터면 이성을 잃고 난동을 피울 뻔했다. 오늘 당신은 자신의 마음을 들여다본다. 어제는 마취된 토끼처럼 온종일 뒷마당의 거대한 크레인만 느려보았지만, 오늘은 그러지 않는다. 당신은 다른 길을 택해 자신에게로 향하고 자신의 분노와 속수무책의 심정을, 어쩌지 못하는 것들을 받아들인다. 당신은 내면에 집중하며 놀라운 발견을 한다. 공사 현장이 저 멀리 밀려난 듯한 느낌이 든다. 당신의 집은 조용하고 쾌적한 장소로 변해 있다. 장소는 '예전'과 같지만, 이제 더는 귀가 아플 정도로 시끄럽지 않고 편안하고 따뜻하며 스타일 넘치는 곳으로 바뀌었다.

당신의 집이? 당신의 아파트가? 그렇지 않다. 세계 어디에 있으나 당신의 진짜 집은 당신 자신이다. 자기 안에 집이 있다면 어디를 가든 편안할 것이다. 스토아 철학자들의 모든 훈련도 결국엔 그것이었다. 스토아 철학자들은 꿈의 집을 확장하며, 불안한 세상에서 유일하게 안전한 이 거처를 증축하는 데 평생을 바쳤다. 자기성찰은 나머지 인류를 생각하면서 자신의 작은 '나'가 가진 의미를 상대화할 수 있도록 도와준다. 현재에 집중하고, 바꿀 수 없는 것은 놓아버리고, 변화무쌍하고 혼란스러운 세상을 선행으로 다듬어 나갈 원재료로 바라보도록 도와준다. 인간이 있는 곳은 어디나 안전한 집이 존재한다. 시끄러운 공사판 바로 옆이건, 거기서 멀리 떨어진 곳이건 상관없다. 당신이 자신인 곳, 당신을 더욱 강하게, 보다 인간적으로 만들어 줄 이 집은 당신의 몸에도 존재한다.

자기성찰은 모든 것의 시작이다

당신의 생각, 감정, 행동은 환경의 영향을 받는다. 하지만 어떤 영향을 받아들일지는 당신의 결정이다. 당신은 자신과 함께 살아야 한다. 앞으로 몇 년 혹은 몇십 년을 더 자신과 함께 살아가야 한다. 그러기에 쉬지 않고 자신을 들여다보면서 올바른 질문을 던질 필요가 있다. 그중에서도 단연 최고의 질문은 "지금 나는 무슨 선행을 할 수 있을까?"이다. 그 질문의 답을 찾고, 그 답에 맞게 행동한다면, 당신은 더는 계획에 맞춰 살아가는 사람이 아니다. 당신은 완전히 새롭게 시작한다. 즉흥적으로 친구에게 전화를 건다. 상사에게 감사 인사를 전한다. 동료의 잘못을 용서한다. 언니에게 사과한다. 낯선 사람에게 미소를 건네고 자기기만과 독선을 버린다. 규칙적으로 자신을 성찰하는 당신은 타인에게 윤리적인 모범을 보일 수 있다. 지금과 다르게 살 수 있음을 몸소 보여주는 모범이 될 수 있다. 스트레스를 받지 않아도 되고 울거나 화내거나 투덜댈 필요가 없다는 것을, 온갖 방해와 어려움이 있다 해도 나부터 시작할 수 있음을 몸소 보여주는 그런 모범 말이다.

    지금 여기에서 사는 것은 특권이자 사실이다. 당신의 삶에 무엇이 있고 또 무엇이 있어야 하는지는 당신의 태도와, 당신의 "시간에 대한 감각"(아리스토텔레스)이 결정한다. 태어나 죽기까지의 짧은 시간은 당신에게 엄청난 윤리적 여지를 제공하고, 당신은 그 빈 땅을 침착하게 메워 나갈 수 있다. 아무리 회의적인 사람이라 해도 자기성찰의 무게를 신뢰할 줄 알아야 한다. 스토아학파의 철학자들에게 자기성찰은 우주와 하나라는 느낌을 재확인하는 방법이기도 했다. 물론 당신이 보기에는 이런 생각이 우스울 수도 있다. 아직은 우습게 보일 수도 있겠다. 인생에서는 (거의) 모든 일이 가능하다. 부엌에서, 열차를 타고 가면서, 우체국에서, 신호등이 바뀌기를 기다리면서 자기성찰을 하다가 문득 변화가 시작될 수 있다. "지금과는 다른 쪽에서 세상을 바라보기만 하라. 그것이 바로 새로운 삶이 시작된다는 뜻이기 때문이다." 마르쿠스 아우렐리우스Marcus Aurelius가 그 옛날 자신에게 던진 이 호소를 당신도 자발적으로, 비아냥대지 않고 동의할 수 있을 것이다.

| 책을 읽기 전에 |

빠른 행복

빠른 행복은 승진, 새로운 사랑, 쇼핑이나 코미디처럼 바깥세상에서 일어나는 사건을 당신이 '긍정적으로' 평가할 때 따라온다. 빠른 행복은 마약과 비슷한 행복감을 불러일으킨다. (그리고 마약과 비슷하게 중독 위험이 있다). 빠른 행복은 빨리 왔다 빨리 가버리는 기분 좋은 상태다. 그러나 바깥의 원인에만 반응하기에 놀라울 만큼 깨지기가 쉽고, 오고 가는 과정이 우연에 좌우된다. 수도관 파열, 경제적 손실, 각종 갈등이 한순간에 찬물을 끼얹는다. 느린 행복과 달리 빠른 행복은 윤리적 가치가 없다. 마음이나 정신과는 전혀 관련이 없으며, 삶이란 쉬지 않고 정점을 찍어야 한다는 생각에서 비롯하므로 압박감을 동반한다.

느린 행복

느린 행복은 떠들썩하지 않다. 그저 당신이 자기 몫을 다하면, 시간이 흐르면서 서서히, 조용히 절로 자라난다. 느린 행복은 가져다 달라고 우주에 주문할 수 없다. 최대한 효율적이고 효과적으로 삶을 계획한다고 해서 얻는 것도 아니다. 느린 행복은 우연히 오는 것도, 당연히 오는 것도 아니다. 우리는 빠른 행복을 가지려 하지만, 사실은 느리게 행복해진다.

느린 행복은 서두르지 않고 스트레스를 받지 않는다. 느린 행복은 영원한 지금과 같다. 빠른 행복과 달리 당신이 태도^{ethos}를 보일 때마다, 다시 말해 선의 평범성을 실천하는 순간마다 당신 스스로 만들어 내는 윤리적 깊이에 자리한다. 선행이 잦을수록 마음의 나침반은 강해지고 느린 행복도 부풀어 오른다. 그렇게 자라난 느린 행복은 어느 날 당신의 삶 전체를 에워쌀 것이고, 당신은 깨달을 것이다. 온갖 문제들이 있었음에도 당신은 성공한 삶, 의미 있고 아름답고 (윤리적으로) 선한 삶을 살았고 지금도 그러하다고.

윤리와 의미, 느린 행복이 이렇듯 끈끈하게 연결되어 있다는 깨달음은 힌두교에서 시작해 불교, 견유학파, 스토아학파를 거쳐 유대교 신비주의에 이르기까지 고대의 철학적이고 영적인 가르침에서 나온 것이다. 아리스토텔레스와 고대 그리스 철학자들은 느린 행복을 에우다이모니아^{eudaimonia}라고 일컬었다. 그리고 이야말로 매일 실천한 인간성을 통해서 쉬지 않고 늘어나며, 주관적 감정에서 이 세상에 객관적으로 존재하는 가치를 만들어 내기에 유일하게 진정으로 훌륭한 행복이라고 생각했다. 당신이 세상을 떠난 뒤에도 오래오래 이 세상에 남아 존재할 그런 가치를 만들어 내므로.

선의 평범성

선의 평범성은 당신 자신으로부터 시작된다. 그것은 다정과 온기, 스타일과 자기성찰의 종합이며, 자신에게 그리고 모두에게 매일매일 단순히 좋은 일을 행하는 것이다. 평범한 선은 당신이 되고자 하는 사람, 즉 선한 사람이 될 때 그 효력이 발휘된다.

그것은 이런 질문으로 시작한다. "나는 지금 어떤 선행을 할 수 있을까?" 선은 늘 지금, 온전히 집중한 상태에서 일어나는 법이다. 선이 평범하다는 말은 선이 윤리적 완벽함의 이상 위에 세워지지 않았다는 뜻이기도 하다. 착하다는 말을 듣기 위해 당신이 얼마나 선하며 선해야 하는지는 중요하지 않다. 선이 이데올로기나 경쟁으로 변질해서는 안 될 일이다. 그래서는 모든 인간의 활동을 '좋다'와 '나쁘다'로 가르는 것 말고는 달리 남는 것이 없다.

선의 평범성은 자발적이기에 오류의 위험성이 있다. 즉 잘못할 수도 있고 틀린 사람(나쁜 사람)에게 이득을 안겨줄 수도 있다. 하지만 나는 평범한 선 말고는 다른 대안이 없다고 생각한다. 자발적으로, 이론적 고민 없이, 머리와 심장이 이끄는 대로 행동하는 것 말고는 다른 대안이 없다고. 어쨌든 순간순간, 시간이 흐르면 선의 평범성은 느린 행복을 가능하게 하는 태도가 된다. 일부가 아니라 전체가 '행복한' 존재를 가능하게 하는 태도 말이다.

악의 평범성

악의 평범성은 철학자 한나 아렌트가 나치 전범 아돌프 아이히만 같은 '책상머리 가해자'를 지칭하는 데 사용한 개념이다. 하지만 평범한 악은 특정 시간, 특정 장소에 국한되지 않는다. 우리가 허용하는 곳이면 어디나 평범한 악이 널리 퍼질 수 있다. 시작은 소소하다. 평범한 악은 우리가 아무 생각 없이, 무심하게, 오류를 확실히 방지한다면서 원칙을 맹종하는 곳에서 무해하게 시작되어, 서서히 폭력과 잔혹함, 전쟁의 재앙으로 자라난다.

나는 악의 평범성이 위험해지기 전에 선의 평범성으로 맞설 수 있다고 생각한다. 매일매일, 지극히 개인적이고 지역적이며 정치를 앞서는 영역에서 말이다. 선의 평범성은 부드럽고 온화한 느낌을 풍긴다. 하지만 결코 약하지 않다. 선의 평범성은 편견과 독선의 기세를 꺾는다. 그리고 악의 유혹보다 더 강할 수 있다.

옮긴이 **장혜경**

연세대학교 독어독문학과를 졸업했으며, 동 대학원에서 박사과정을 수료했다. 독일 학술 교류처 장학생으로 하노버에서 공부했다. 현재 전문 번역가로 활동 중이며《현명한 이타주의자》《자기만 옳다는 사람과 대화하는 법》《내가 누구인지 아는 것이 왜 중요한가》《나는 왜 무기력을 되풀이하는가》《우리는 여전히 삶을 사랑하는가》등을 우리말로 옮겼다.

철학이 깊을수록 삶은 단순하다

초판 1쇄 발행 2025년 4월 30일
초판 2쇄 발행 2025년 7월 1일

지은이 • 레베카 라인하르트
옮긴이 • 장혜경

펴낸이 • 박선경
기획/편집 • 이유나, 지혜빈, 조예은, 민석홍
홍보/마케팅 • 박언경, 김경률
제작 • 디자인원(031-941-0991)

펴낸곳 • 도서출판 갈매나무
출판등록 • 2006년 7월 27일 제395-2006-000092호
주소 • 경기도 고양시 일산동구 호수로 358-39 (백석동, 동문타워 I) 808호
전화 • (031)967-5596
팩스 • (031)967-5597
블로그 • blog.naver.com/kevinmanse
이메일 • kevinmanse@naver.com
페이스북 • www.facebook.com/galmaenamu

ISBN 979-11-91842-86-9 (03190)
값 19,500원

• 잘못된 책은 구입하신 서점에서 바꾸어드립니다.
• 본서의 반품 기한은 2030년 4월 30일까지입니다.